कब होगी भेंट

मथुरा कलौनी

Notion Press Media Pvt Ltd

No. 50, Chettiyar Agaram Main Road,
Vanagaram, Chennai, Tamil Nadu – 600 095

First Published by Notion Press 2022
Copyright © Mathura Kalauny 2022
All Rights Reserved.

ISBN 979-8-88530-371-2

समर्पण

कृष्णकुमार भट्ट को

मेरी साहित्य-यात्रा में उनके योगदान के लिए

मथुरा कलौनी – संक्षिप्त परिचय

मथुरा कलौनी की पहाड़ में बीते बचपन की स्मृतियाँ इतनी बलवती हैं कि वहाँ की अनुभूतियाँ यदा-कदा उनकी रचनाओं में झाँकने लगती हैं। गंभीर से गंभीर विषय को हास्य-व्यंग्य का पुट देकर चुलबुले अंदाज में प्रस्तुत करने में वे सिद्धहस्त हैं। प्रेम, श्रृंगार, हास्य, व्यंग्य आदि सभी रसों के इंद्रधनुषी रंग उनकी अद्भुत वर्णनात्मक शैली में मुक्त तैरते रहते हैं। उनकी रचनाएँ बहुत पठनीय होती हैं। आभास ही नहीं होता कि भावनात्मक अनुभूतियों के आवेगों से गुजरते हुए कब कथानक के शीर्ष पर पहुँच गये।

आपने चार दशक पहले साहित्यिक यात्रा आरंभ की थी। 1988 में बेंगलूरु में कलायन नाट्य संस्था की संस्थापना की। इन्टरनेट में कलायन पत्रिका (www.kalayan.org) का प्रकाशन 1999 में आरंभ किया। आपकी लगभग डेढ़ सौ कहानियाँ प्रतिष्ठित पत्रिकाओं में प्रकाशित हो चुकी हैं। पिछले 33 सालों में आप इक्कीस नाटक और दर्जन से अधिक लघुनाटकों का लेखन और मंचन कर चुके हैं। दस बड़े नाटक और चार लघु-उपन्यास प्रकाशित हो चुके हैं। दुबई में दो हिन्दी नाटकों के मंचन के साथ कंबोडिया, बीजिंग, असम-मेघालय, राजस्थान और बाली में अंतर्राष्ट्रीय हिन्दी सम्मेलनों में नाट्यपाठ की प्रस्तुतियाँ खासी चर्चित रहीं।

संप्रति आइटीसी लिमिटेड में रिसर्च मैनेजर के पद से सेवानिवृति के उपरांत बेंगलूरु में नाटकों के लेखन और निर्देशन में सन्नद्ध

हैं तथा कलायन नाट्य संस्था के संचालन व कलायन पत्रिका के संपादन और संचालन को समर्पित हैं।

संपर्क –

ईमेल – editor@kalayan.org
वेबसाइट – www.mathurakalauny.com

मथुरा कलौनी के नाटक

स्वयंवर

कायापलट[1]

जोड़तोड़

जो पीछे रह जाते हैं

कब तक रहें कुँवारे

स्वयंवर 2010

चंद्रकान्ता नाटक

कब होगी भेंट

सुबह का भूला

कौन हो तुम बृहन्नला

लंगड़

चिराग का भूत

उसने कहा था

संदेश

तू नहीं और सही

धतूरे के बीज[1]

एक शाम प्रेमचंद के नाम[1]

निष्कासित

मेरा दुश्मन मंटो

---

1   नोशनप्रेस में उपलब्ध

कब होगी भेंट

श्री मथुरा कलौनी रचित नाटक "कब होगी भेंट" कुमाऊँ की आंचलिक पृष्ठभूमि में एक निश्छल प्रणय की गाथा है। पिथौरागढ़ शहर के रमणीय अंचल के परिवेश में पल्लवित यह प्रेम गाथा ग्रामीण समाज की नारी-पुरुष के सहज नैसर्गिक आकर्षण के प्रति असहिष्णुता से अभिशप्त है। रोचक प्रसंगों से भरपूर यह गाथा रोमांच व अपराध के साथ समाज के उस उज्ज्वल पक्ष को भी उजागर करती है जिसमे एक बड़बोला वृद्ध वैद्य घायल नायक की जीवन रक्षा कर प्रेम की अंतिम विजय में प्रतिभाग करता है। प्रेमी युगल का अप्रत्याशित मिलन जहाँ अचंभित करता है वहीं सुखद अनुभूति कारक भी है। रोचक प्रसंग, आंचलिक परिवेश व शब्दावली पाठक को बाँधे रखती है। कुल मिला कर नाटक अत्यंत पठनीय है। मंच की साज-सज्जा के दिशा-निर्देश मंचन को सरल और प्रभावशाली बनाते हैं। इस अभिनव प्रयास के लिए श्री कलौनी को साधुवाद।

कृष्णकुमार भट्ट

कब होगी भेंट

पात्र

धन सिंह	जंगलाद का चौकीदार।
गजेन्द्र	सांस्कृतिक मंडली का सदस्य।
इन्द्रदेव	रुकुमा का बड़ा भाई।
चिंतामणि वैद्य	आयुर्वेदाचार्य।
हेमा	वैद्य जी की नातनी।
केदार	सांस्कृतिक मंडली का सदस्य।
रामी	सांस्कृतिक मंडली का सदस्य।
रुकुमा	नायिका।
परमानंद	सांस्कृतिक मंडली का सदस्य।
भाभी	इन्द्रदेव की पत्नी।

द्योचूली पहाड़ की दुर्गम चोटी पर मंदिर का प्रांगण। एक ओर मंदिर, दूसरी ओर मंदिर की धर्मशाला। मंदिर का तोरण और धर्मशाला का द्वार दिखाई पड़ रहे हैं। धन सिंह आता है। मंदिर की घंटी बजाता है और हाथ जोड़ता है। फिर पुकारता है।

धन सिंह

बाबू सैप, ओ गजेन्दर बाबू। इटीस धन सिंह रिपोर्टिंग। ओ बाबू सैप...

गजेन्द्र आता है।

गजेन्द्र

क्यों चिल्ला रहे हो धन सिंह।

धन सिंह

देखो हो मैं आज क्या ल्याया हूँ।

गजेन्द्र

अरे वाह यह तो जंगली मुर्गा है धन सिंह। कहाँ से मिल गया तुमको यह मुर्गा?

धन सिंह

बाबू सैप, क्या बात करते हो आप भी। मैं इस जंगलाद का चौकीदार हूँ। सरकारी आदमी हूँ। वो बुडलगाँव सुबेदार का लड़का है न नरी, उसने छर्रा गोली से मारा है इस मुर्गे को। मेरे जंगल के मुर्गे को।

मेरे से बच सकता था भला। मैंने देख लिया। पकड़ कर कमर में दी एक लात साले को। गल्त भ्यो लेकिन ठीक भ्यो। *(गलत हुआ लेकिन ठीक भी हुआ।)* वह फिर कभी इस जंगल की ओर नहीं आयेगा।

मुर्गा जमीन पर रखता है और कमर से बोतल निकालता है।

बाबू सैप, आज तो अपनी दावत होगी। बस अभी मुर्गा बनाता हूँ। तुम बोतल भी खोल लो।

गजेन्द्र

फीका मुर्गा बनायेगा क्या? नमक-मसाला कहाँ से आयेगा इस जंगल में?

धन सिंह

तो ये क्या ल्याया हूँ, बाबू सैप। सब इस पोटली में है।

गजेन्द्र

तुम तो बड़े काम के आदमी निकले धन सिंह।

धन सिंह

काम का आदमी तो मैं ठहरा ही, बाबू सैप।

दोनों बोतल खोल कर पीते हैं।

बाबू सैप आप आराम करो मैं मुर्गा बना कर अभी लाता हूँ।

धर्मशाला के अंदर जाता है। प्रकाश बदलता है। स्टेज में दूधिया चाँदनी फैल जाती है।

गजेन्द्र

(गुनगुनाता है।) रुकुमा रमोती घुंघुर न बजा... (कुछ देर तक गुनगुनाने के बाद।) अरे धनसिंह मुर्गा बना कि नहीं?

धन सिंह

(बाहर आता है।) बन गया है, बाबू सैप। यह लो। साथ में गरमागरम रोटी भी है। बाबू सैप आप बहुत बढ़िया आदमी हो। रुकुमा भी एकदम बढ़िया चेली है। गजेन्दर रुकुमा। अरे आप दोनों की जोड़ी न राजुला-मालूसाही की जोड़ी लगती है।

गजेन्द्र

अरे धन सिंह, तुम्हारा नाम धन सिंह किसने रखा। नाम धन सिंह और काम हे...हे... हे...

धन सिंह

खाल्ली नामो को धन सिंह भय्यूँ मैं। *(केवल नाम का ही धन सिंह हुआ मैं।)* न मेरे पाश धन ठहरा और न ही मेरे सिर में कोई सींग। बस बाबू सैप समझ लो बोतल अँग्रेजी पर भीतर ठर्रा। एक सरकारी आदमी हूँ। जंगलाद की रखवाली काम है मेरा। भौते खराब नौकरी है बाबू सैप। (नशे में रोता है।) भौते खराब... उन दिनों मैं गढ़वाल में था। सरुली जंगल में बाँज काटने आई थी। जंगल सरकारी और मैं जंगल की रखवाली करने वाला। भला उसको बाँज क्यों काटने देता। मैंने कहा, ए लड़की, यह सरकारी जंगल है, तू यहाँ बाँज क्यों काट रही है? तो वह रोने लगी, बोली घर में दो-दो भूखी भैंसें हैं, उन्ही के लिए बाँज काट रही हूँ। बाँज नहीं ले गई तो सास डाँटेगी और भैंसें भूखी मर जायेंगी।

मैं क्या करता! मैंने बाँज काट के गट्ठर बना के उसके सिर पर रख दिया। बहुत ही नरम दिल ठहरा मेरा। भौतै... (रोता है।) सब गलत हुआ बाबू सैप लेकिन सही हुआ।
एक और रोटी खाओ बाबू सैप। एकदम बढ़िया मुर्गा बना है।

गजेन्द्र

अरे नहीं धन सिंह। भौत खा हालिछ। *(बहुत खा लिया है।)*

धन सिंह

बाबू सैप सुनो, मुरली को टोटो, मुरली को टोटो।

गजेन्द्र

(धन सिंह की नकल करता है।) मुरली को टोटो, मुरली को टोटो। आगे बोलो।

धन सिंह

मुरली को टोटो, मुरली को टोटो।
बाबू सैप को खिलाओ एक और रोटो।

गजेन्द्र

(हँसता है।) एक टुकुड़ो सुपारी को तराजू तोल देता हूँ।
मैं और न खा सकनू जयहिंद बोल देता हूँ।

दोनों ने पूरी बोतल समाप्त की और खा-पीकर तृप्त हो गए। दोनों डकार लेते हैं।

धन सिंह

आप भी न बाबू सैप एक दम अङ्याठ *(कमअक्ल)* भया। मैं नहीं मिलता आपको तो आप दो दिन भी नहीं टिक पाते इस डाँड़े *(पहाड़ की चोटी)* में। सबसे नजदीक नौगाँव है वो भी तीन मील दूर। इस ओर कोई आता भी नहीं। फिर उस तरफ सीधी ढाल है। बागेश्वर, सोमेश्वर, जोगेश्वर और पाँव फिसला तो सीधे रामेश्वर। आने से पहले कुछ तो इंतजाम किया होता।

गजेन्द्र

अरे धन सिंह प्रेमी मन कभी इंतजामी हुआ है भला जो अब होगा।
रुकुमा ने इसी जगह मिलने को कहा था सो चला आया।

धन सिंह

कब तक ऐसे चोरी-छिपे मिलते रहोगे? सब तो गलत हो रहा है पर *(हँसते हुए)* ठीक भी हो रहा है। ओ क्या है न बाबू सैप लोग अब फुसफुसाट करने लगे हैं। लोगों को और तो कुछ आने वाला ठैरा नहीं। फुसफुसाट में ही माहिर ठैरे।

गजेन्द्र

(गाता है।)
काटना काटना फूली ऊँछ चौमास को वन।
बगन्या पानी थामी जाँछ, नी थामीनो यो मन।
(चौमास का जंगल काटने के बाद हरित हो उठता है।
बहता पानी रुक जाता है पर मन नहीं थमता।

उत्तराखंड में ऐसे गीतों को न्यौली कहते हैं। न्यौली में पहली पंक्ति केवल सुर लगाने के लिए गायी जाती है। कथ्य दूसरी पंक्ति में होता है।)

धन सिंह

बाबू सैप अब मैं चलता हूँ। दूर जाना है। अब मैं परसों आऊँगा। कोई सामान चाहिए तो बता दो।

गजेन्द्र

धन सिंह एक न्यौली याद आई।

धन सिंह

गा कर सुनाओ हो।

गजेन्द्र

नहीं ऐसे ही सुनो
धारा में देवी को थान, दूदै ले नवायो।
तेरा जूठो मैं न खाँथ्यूँ माया ले खवायो।
(धारा में देवी के मंदिर में दूध चढ़ाया है। तेरा जूठा मैं नहीं खानेवाला था पर प्यार ने खिला दिया।)

धन सिंह

प्यार हुआ, इकरार हुआ, बाजरे के खेत में इंतजार हुआ। एक न्यौली मैं सुनाता हूँ, सुनो।

गजेन्द्र

सुनाओ।

धन सिंह

खुकुरी की म्यानी, खुकुरी की म्यानी।

गजेन्द्र

खुकुरी की म्यानी, खुकुरी की म्यानी।

धन सिंह

खुकुरी की म्यानी, खुकुरी की म्यानी।

गजेन्द्र

खुकुरी को म्यान से बाहर निकालो।

धन सिंह

खुकुरी की म्यानी, खुकुरी की म्यानी।
झट्ट ऐजा सुआ, न्है जाली जवानी।
खुकुरी की म्यानी, खुकुरी की म्यानी।
(हे प्रेमिका जल्दी आ जाओ, जवानी जाने वाली है।)

गजेन्द्र

अरे क्या बात कही धन सिंह, आज तू यहीं सो जा। सुबह चले जाना।
अभी थोड़ी देर में अँधेरा होने वाला है। कहाँ जाएगा अँधेरे में।

धन सिंह

नहीं बाबू सैप आज जून्येली *(चाँदनी)* रात है। मैं जाता हूँ। सूर्य अस्त
धन सिंह मस्त। बस मस्ती में निकल जाऊँगा। तुम आराम से लेट
रहो।

धन सिंह कुमाऊँनी गीत ठुमुका ठुमाठुम गाते हुए और उसी धुन पर झूमते हुए जाता है।

स्टेज में प्रकाश धीमा होता है। गजेन्द्र कंबल बिछा कर सो जाता है।

सस्पेंस संगीत।

⸺◆◆◆⸺

मंच पर चाँदनी का प्रकाश। एक आदमी मुँह में कपड़ा लपेटे और हाथ में एक लंबी लाठी लिए धर्मशाला के पास आता है। वह इधर-उधर देखता है और दबे कदमों के साथ धर्मशाला के दरवाजे के पास पहुँचता है। दबाव डालने पर दरवाजा हलकी आवाज के साथ खुल जाता है। चांदनी अंदर तक चली जाती है।

आगंतुक थोड़ी देर तक दम साधे खड़ा रहता है। वह गजेन्द्र को हिला-डुला कर देखता है।

आगंतुक

साला, पी के नशे में धुत्त है। इसकी माँ की... अभी इसे पहुँचाता हूँ ऊपर। साला...

वह लाठी से गजेंद्र के सिर में भरपूर वार करता है। गजेन्द्र के गले से विचित्र आवाज निकलती है। उसका शरीर दो-तीन झटके लिता है और वह बेहोश हो जाता है। आगंतुक गजेन्द्र को मरा समझ कर घसीट कर धर्मशाला के पिछवाड़े एक चट्टान के किनारे तक ले जाता है। वहाँ पाँव से धक्का देकर गजेन्द्र को नीचे सीधी ढलान में लुढ़का देता है। उसके बाद वह एक निश्वास छोड़ता है और तेज कदमों से चला जाता है।

दृश्य – 1.3

जंगल। तोरण और खंभे विंग में खींच लिए जाते हैं। जंगल दर्शाने के लिए, एक आयताकार बक्सा जिसमें घने पौधे लगे होते हैं मंच के बीच में खींच लिया जाता है।

बहुत धीमे प्रकाश में स्टेज में पत्थर लुढ़कते हैं। लुढ़कते पत्थरों के साथ बेहोश गजेन्द्र लुढ़क-लुढ़क कर स्टेज में आ जाता है। पास ही जलधारा है। पानी बहने की खनकती आवाज।

गजेन्द्र

(होश में आता है। दर्द से कराहता है।) ओ इजा, ओ बाबा!

उठ कर चलने का प्रयत्न करता है। कुछ कदम लड़खड़ा कर चलने के बाद गिर पड़ता है और बेहोश हो जाता है। अब केवल जलधारा की आवाज।

चिंतामणि वैद्य का प्रवेश।

चिंतामणि वैद्य

(जंगली पत्ते को सूँघते हुए) आ हा ज्वलनस्य दीप्तम्। प्राण, उदान, समान, अपान, व्यान... (अचानक गजेन्द्र को देखता है और पास जाता है।) यह तो बहुत गंभीर रूप से घायल है। (नाड़ी देखता है।) नाड़ी बहुत धीमी है। खून बहुत जा चुका है। सिर पर चोट है। हे भगवान यह तो बहुत गहरी चोट है। इसका तो बचना

कठिन है। देखो नौजवान, मैं औषधियाँ ले कर आता हूँ। तब तक तुम मरना नहीं। (जंगल में जड़ी बूटी खोजता है और पहचान कर कुछ पत्ते तोड़ता है।)

सिर में लकड़ी का गट्ठर लिए हेमा का प्रवेश।

ये कौन जा रहा है, अरे ये तो हेमा है। (पुकारता है।) हेमा, ओ हेमा...

हेमा

(दूर से।) क्या है बुबुजी। *(दादा जी।)*

चिंतामणि वैद्य

तुम मिल गई। भौते बढ़िया भ्यो। जी रये, बची रये। *(बहुत अच्छा हुआ। जीती रहो, जीती रहो।)* और देखो, पहचान लिया न मैंने इतनी दूर से। अस्सी साल पूरे कर लिए हैं मैंने, पर आँखों की ज्योति अभी तक तेज है। दौड़ कर इधर आओ। अरे जल्दी।

हेमा

(बड़बड़ती है।) क्या बुबुजी! मैं अभी नहीं आती। मुझे बहुत काम हैं।

चिंतामणि वैद्य

बड़बड़ मत कर। जल्दी इधर आ।

हेमा

आ तो रही हूँ। इतनी जल्दीबाजी क्यों मचा रहे हो। आज सुबह-सुबह कैसे आ गये इस जंगल में।

चिंतामणि वैद्य

हेमा मुँह बंद रखो। पानी से वह बड़ा-सा पत्थर धो कर उसमें इन पत्तों को पीसो।

हेमा

घर ले चलो। वहीं पीस दूँगी न। इस जंगल में क्यों पिसवा रहे हो।

चिंतामणि वैद्य

हेमा सब बता दूँगा। ले पीस।

> **हेमा जलधारे के पास एक पत्थर को पानी से धो कर पत्तों को पीसने लगती है।**

हाथ तेज चलाओ हेमा। (और जड़ी बूटी खोजता है।)

हेमा

बुबुजी क्या कर रहे हो, इस जंगल में सुबह-सुबह?

चिंतामणि वैद्य

मैं कुछ औषधियाँ लेने आया था। औषधियों के लिए सुबह का समय उत्तम बताया गया है। (अचानक) मिल गई। अमरबेल मिल गई। अब उसके बचने की कुछ उम्मीद है।

हेमा

क्या बड़बड़ा रहे हो बुबुजी।

चिंतामणि वैद्य

तू बोलती बहुत है। इस अमरबेल के पत्तों को भी उसी के साथ पीस दो। हाथ जल्दी चलाओ। हाँ, अब यह सब पीसा हुआ पदार्थ इस कपड़े में बाँध दो। अरे पहले कपड़ा धो ले। जा जल्दी धो के ला। अरे जल्दी कर न। अरे, अभी इतनी ढीली है तो आगे क्या करेगी। मुझे देख अस्सी पार कर लिए हैं पर कमर एक दम सीधी है।

हेमा

बुबु जी, आज सुबह-सुबह पता नहीं किस का मुँह देख लिया। इतनी सुबह इस जंगल में पत्तियाँ पिसवा रहे हो। बुबुजी तुम बुड़ी गिछा। *(दादाजी, तुम बुढ़ा गये हो।)*

चिंतामणि वैद्य

आज सुबह तूने मेरा मुँह देखा है। आज तेरा कल्याण हो गया। और तू बुड्ढा किसको बोलती है। अस्सी साल पार कर लिए हैं फिर भी कमर सीधी है।

> **औषधि की पोटली ले कर वैद्यजी हेमा को गजेन्द्र के पास ले जाते हैं। गजेन्द्र को देख कर हेमा चिहुँकती है।**

हेमा

ईईई लाश! किसने मारा इसको। कौन है यह?

चिंतामणि वैद्य

देखो मैं इसे सिर की ओर से पकड़ता हूँ और तुम पैर की ओर से। इसको इस गड्ढे से निकालते हैं।

हेमा

बुबुजी मैं लाश को हाथ नहीं लगाऊँगी।

चिंतामणि वैद्य

खड्डूयूनी, *(लाड़-प्यार में दी जाने वाली गाली।)* जिन्दा आदमी है यह। इसी के लिए तो यह औषधि पीसी है।

हेमा

ओ...

चिंतामणि वैद्य

मैं इधर से गुजर रहा था जब इसे यहाँ गिरा हुआ देखा। पहले तो मैं समझा कि कोई लौंडा नशे में धुत है। फिर मैंने इसको कराहते हुए सुना। मैं नहीं होता तो इसका राम-नाम-सत्त था आज। मुझे अमरबेल भी पास ही मिल गई। लड़के का भाग्य सचमुच अच्छा है नहीं तो अमरबेल पास ही कैसे मिल जाती। जंगल की खाक छाननी पड़ती है तब जाकर कहीं मिलती है।

वैद्य जी गजेन्द्र का उपचार करते हैं।

अयं मे हस्तो भगवान् अयं मे भगवत्तर:
अयं मे विश्वभेषज: अयं शिवाभिमदर्शन:

गजेन्द्र के मुँह में रस निचोड़ने के पश्चात् जो बूटी बच जाती है उसे सिर के घाव में लगाकर घाव को गमछे से बाँध देते हैं।

हेमा, हेमा, अरे कहाँ मर गई।

हेमा

यहाँ झरने में हाथ धो रही हूँ।

चिंतामणि वैद्य

यहाँ एक आदमी मरणासन्न है और तुझे हाथ धोने की पड़ी है। जल्दी आ। देखो मैं गाँव जा रहा हूँ और एक डोली दो आदमियों के साथ भेज दूँगा। डोली में इसे सावधानी से लिटा कर घर ले आना। मैं वहाँ सब समझा दूँगा।

अब प्रकाश केवल चिंतामणि पर।

(जंगली पत्ते को सूँघते हुए।) वात पित्त कफ त्रिदोष संतुलन बहुत आवश्यक है। जीवन और मौत के बीच आँख मिचौनी। मुझे लगने लगा है कि मौत टल गई है।

जाता है।

हेमा

बुबुजी लगता है कि खिसक गये हैं। कमर सीधी है पर दिमाग खिसक गया है। मुझे तो नहीं लगता है कि यह जिंदा है। चेहरा एकदम सफेद है। भूत की तरह। ई ई ई (डरती है। फिर गजेन्द्र की नाक पर अंगुली रखती है।) अरे नहीं-नहीं। यह तो जिन्दा है। साँस चल रही है।

प्रकाश धीमा होते-होते अँधेरा। दवाई कूटने की आवाज। अँधेरे में दृश्य बदलता है।

दृश्य – 2.1

चिंतामणि वैद्य के घर का आँगन। एक ओर घर है दूसरी ओर उद्यान और एक टीला। जब प्रकाश लौटता है, स्टेज पर गजेन्द्र और हेमा। हेमा छोटी ओखली में मूसली से दवाई कूट रही है।

हेमा

(गजेन्द्र की ओर देख कर।) दर्द हो रहा है? (गजेन्द्र का ध्यान कहीं और है। उत्तर नहीं देता है।) लौंडे, ध्यान किधर है तेरा? मैं पूछ रही हूँ अभी दर्द हो रहा है या नहीं?

हेमा उठती है, हाथ धोती है और गजेन्द्र के पास जा कर उसके सिर की पट्टी खोलती है।

हेमा

घाव सूख रहा है। अब थोड़ी हवा लगने देते हैं। दर्द हो रहा है?

गजेन्द्र

अब दर्द बहुत कम है।

हेमा

बस कल परसों तक दर्द एकदम गायब हो जाएगा। नाम क्या है तेरा?...क्या नाम है तेरा?

गजेन्द्र

गजेन्द्र भट्ट।

हेमा

अरे वाह, तुमको अपना नाम याद आ गया। यह तो बहुत अच्छी खबर है। ठैर, मैं बुबुजी को बता कर आती हूँ।

जाती है। स्टेज में प्रकाश वृत्त में गजेन्द्र अकेला है। करुण संगीत। हेमा लौटती है।

हेमा

बुबुजी भी बोल रहे हैं कि यह अच्छी बात है। धीरे-धीरे सब याद आ जाएगा। तुम्हारे सिर की चोट बहुत गहरी है। पर सब ठीक हो जाएगा। गजेन्द्र। (गजेन्द्र उत्तर नहीं देता है।) अपना नाम क्या बताया था तुमने।

गजेन्द्र

गजेन्द्र।

हेमा

पूरा नाम बताओ।

गजेन्द्र सूनी-सूनी आँखों से देखता है।

बताओ न, एक बार फिर बताओ।

गजेन्द्र

गजेन्द्र भट्ट।

हेमा

कहाँ का रहने वाला है? (गजेन्द्र उत्तर नहीं देता है।) क्या बिसाड़ का भट्ट है?

गजेन्द्र

नहीं।

हेमा

तो कहाँ का रहने वाला है?

गजेन्द्र

अल्मोड़े का।

हेमा

अल्मोड़े का! यहाँ काली गंगा के बगड़ *(किनारे)* कैसे पहुँचा?

गजेन्द्र

पता नहीं।

हेमा

सिर में चोट कैसे लगी?

गजेन्द्र

पता नहीं।

हेमा

किसी ने मारा तो नहीं?

गजेन्द्र

पता नहीं।

हेमा

तेरा कोई शत्रु है?

गजेन्द्र

पता नहीं।

हेमा

अल्मोड़े में कहाँ रहता है?

गजेन्द्र

पता नहीं।

हेमा

ठीक है, तुम आराम करो।

> **कुछ क्षणों के लिएअँधेरा। चिंतामणि वैद्य पर स्पॉट। धुँधले प्रकाश में गजेन्द्र बैठा रहता है।**

चिंतामणि वैद्य

हेमा, ओ हेमू, नातनी, यहाँ आ तो।

हेमा

क्या है बुबुजी।

चिंतामणि वैद्य

अभी और पूछताछ मत करो। अभी आराम करने दो उसे। बाकी बाद में पूछना, धीरे-धीरे। अच्छा देख तो मेरी कमर सीधी ही है न।

हेमा

सुबह ही तो बताया था कि सीधी है। कमर अब एक दिन में ही तो नहीं झुक जाएगी।

चिंतामणि वैद्य

बुढ़ापा घंटी बजा कर नहीं आता है। चुपके से आता है और कमर टेढ़ी कर देता है। इसलिए ध्यान रखना पड़ता है। अस्सी साल पार कर चुका हूँ। पर आज भी देख लो, मेरी कमर सीधी है।

हेमा

बुबुजी इस लड़के का क्या करोगे? मुझे नहीं लगता है कि इसे अब कुछ याद आयेगा। इतने महीने तो हो गये हैं। अपना नाम छोड़ कर इसे कुछ और याद नहीं। नाम भी पता नहीं इसका अपना है या नहीं।

गजेन्द्र

हेमा जी।

हेमा

(चौंकती है।) तुम!

गजेन्द्र

आपका कहना ठीक है। मुझे नहीं मालूम मेरा नाम गजेन्द्र है भी कि नहीं। केवल लगता है कि यह मेरा नाम है। मेरे अंदर सब गुड़मुड़ है। बस कुछ छाया चित्र हैं। ऐसे में मैं कब तक यहाँ पड़ा रहूँगा।

हेमा

कब तक माने? बुबुजी देखत यो लौंड क्य कूनलारोछ? *(दादाजी देखो तो यह लौंडा क्या कह रहा है?)*

चिंतामणि वैद्य

आज कल के लौंडों से क्या उम्मीद की जा सकने वाली ठहरी। लौंडों की यारी, गधे की सवारी।

हेमा

बुबुजी, तुम भी न कहाँ की बात कहाँ ले जाते हो। इस कहावत का क्या मतलब ठहरा बल। तुम कौन सा याराना जोड़ रहे हो इस लौंडे के साथ। संग्यात लगा रहे हो क्या? *(विधिवत दोस्ती गाँठ रहे हो क्या?)* कमर सीधी है, नजर तेज है, पर तुम सठिया गये हो बुबुजी।

चिंतामणि वैद्य

क्या कह रही हो तुम। अस्सी पार कर लिये हैं मैंने, अस्सी। साठ तो बीस साल पहले पूरे कर लिये थे। सुनो लड़के, हेमा को तुम्हारी बहुत चिंता है, तभी तुम्हारे बारे में बात करती रहती है। तुम जब तक ठीक नहीं हो जाते, कहीं नहीं जाओगे।

हेमा

तुम हमारे मेहमान नहीं हो, मरीज हो। समझे। जब तक ठीक नहीं हो जाते हम तुम्हें छोड़ने वाले नहीं।

गजेन्द्र

फिर भी। आपलोग मुझे करने के लिये कुछ काम दे देते तो अच्छा होता। खाली पड़े-पड़े जी घबड़ा जाता है।

हेमा

हाँ हाँ क्यों नहीं। क्यों बुबुजी लौंडा ठीक ही तो कह रहा है।

चिंतामणि वैद्य

हाँ। ठीक ही है। घाव तो सूख ही गया है समझो। तुम रोज गज्जू के साथ पास के जंगल में घूम आया करो। थोड़ा घूमना तुम्हारे रक्त संचार के लिए ठीक रहेगा। तुम एक दम चिंता न करो। मुझे लगता है कि तुम्हारी याद लौट आयेगी। सिर की गहरी चोटों में समय लगता है। गज्जू के सिर में तो पेड़ गिरा था। तीन महीने लगे तब जो जाकर वह हमें पहचानने लगा था। हेमा याद है न।

हेमा

कैसी बात करते हो बुबजी। क्यों नहीं याद होगा। और तीन महीने नहीं लगे। मुझे तो वह दो महीने में ही पहचानने लगा था।

गजेन्द्र

किसकी बात हो रही है?

हेमा

गज्जू की।

गजेन्द्र

कौन हैं ये गज्जू?

हेमा

मिले तो हो तुम उससे। हमारा बैल। तुम्हारी तरह ही उसके सिर में गहरी चोट लगी थी। उसकी भी याददास्त चली गई थी। दो महीने लगे थे तब जा कर ठीक हुआ था।

गजेन्द्र

ओ...। मुझे डर है कि मैं गज्जू की तरह भाग्यशाली नहीं हूँ। मेरी विनती है कि जितने दिन यहाँ हूँ, मुझे कुछ काम करने दीजिये। मैं खेतीबाड़ी में आपका हाथ बँटा दिया करूँगा। गज्जू के लिए चारा ले आया करूँगा।

चिंतामणि वैद्य

हाँ ठीक है। पर याद रखना, जब तक ठीक नहीं हो जाते, यहाँ से जाने सोचना भी मत।

गजेन्द्र

हेमा जी, मैं कल से गज्जू को चराने ले जाऊँ।

हेमा

हाँ-हाँ क्यों नहीं।

प्रकाश धीमा होते-होते धुँधलके में बदलता है।
गजेंद्र मंच के दाहिने, टीले की ओर बढ़ता है।
अँधेरा।

> गजेन्द्र पर स्पॉट। गजेन्द्र दोनों हाथों की अंगुलियों को सिर के पीछे बाँधे, अधलेटा है।

गजेन्द्र

(बैल के हुंकारी भरने की आवाज।) हे गज्जू तेरी तो याद वापस आ गई, मेरी कब आयेगी। तू गज्जू बैल, मैं गजेन्द्र आदमी। ओ गज्जू तेरा हुआ अब मेरा क्या होगा। (बैल के फिर हुंकारी भरने की आवाज।)

> दूर किसी गाने वाली किसी लड़की का स्वर उभरता है।

आवाज

यो बाटो काँ जान्या हो ला, सुरा सुरा देवी का मंदिर।
तेरा गाला मुँगै की माला, मेरा गाला जंजीर।
तेरी मेरी भेंट सुआ देवी का मंदिर।
यो बाटो काँ जान्या हो ला, सुरा सुरा देवी का मंदिर।
(यह रास्ता कहाँ जा रहा है, सीधे देवी के मंदिर की ओर। तेरे गले में मूंगे की माला है मेरे गले में जंजीर है। तेरी मेरी भेंट देवी के मंदिर में हुई थी। यह रास्ता कहाँ जा रहा है, सीधे देवी के मंदिर की ओर।)

> मंदिर की घंटियों की आवाज। गजेन्द्र बेचैन हो उठता है। उठ कर बैठता है। अपने सिर को दोनों हाथों से पकड़ता है। चिल्लाता है।

गजेन्द्र

देवी का मंदिर... उल्का देवी का मंदिर।

दौड़ता है। गिर पड़ता है। आवाज पीछा नहीं छोड़ती है। नेपथ्य से गाने की आवाज आती रहती है। बहुत बेचैन हो वह घर वापस आता है।

हेमा

क्या हुआ गजेन्द्र। इतने बेचैन क्यों हो?

गजेन्द्र

वहाँ कोई लड़की गा रही है।

हेमा

कहाँ?

गजेन्द्र

उस टीले के पास।

हेमा

परुली होगी। वहाँ गाय चराने आती है। वह बहुत अच्छा गाती है। उसे बहुत गाने याद हैं। मैंने भी उसे कई बार सुना है। पर तुम इतने बेचैन क्यों हो। कोई डरने की बात नहीं है।

चिंतामणि वैद्य

कुछ याद आया बेटे?

गजेन्द्र उत्तर नहीं देता है। उस पर फेडआउट। अँधेरा। अँधेरे में उसी लड़की के गाने का स्वर उभरता है।

आवाज

काटना काटना फूली ऊँछ चौमास को बन
बगन्या पानी थामी जाँछ, नी थामीनो यो मन।
(चौमास का जंगल काटने के बाद हरित हो उठता है। बहता पानी रुक जाता है पर मन नहीं थमता।)
ओ रुकुमा रमोती घुंघुर न बजा छम।
(ओ सुंदर रुकमा घुँघरू बजाती हुई मत चल।)

गजेन्द्र

(ऊँची आवाज में उसी सुर में गाता है।) ओ रुकमा रमोती घुंघुर न बजा छम। (फिर गाने के साथ नाचता है।)
ओ रुकुमा रमोती घुंघुर न बजा छम। (चिल्लाता है।)
ओ रुकुमा। रुकुमा। ओ रुकुमा रमोती घुंघुर न बजा छम।
रुकुमा, रुक्मणी। ओ रुकुमा कहाँ हो तुम। आओ देखो मेरे साथ क्या हो रहा है। रुकुमा तुम कहाँ हो? रुकुमा!

आतंकित करने वाला संगीत। गजेन्द्र चिल्लाता है रुकुमा, रुकुमा और वह वहीं गिर पड़ता है। अँधेरा।

शरद मेला। मेले की आवाजें। मंच तीन भागों में बँटा है। मंच की बाईं ओर डोरी-फीतों की मदद से एक आयताकार भाग को स्टेज के रूप में दर्शाया गया है जिसमें नृत्यगान की प्रस्तुति होगी। इस आयताकार भाग के पीछे और दाहिने स्टेज का नेपथ्य दर्शाया गया है जिसमें साउंड सिस्टम दिखाई पड़ रहा है। गजेन्द्र और रामी ताश खेल रहे हैं। परमानंद आता है।

परमानंद

चंपावत वाले इस बार कोई नया आइडिया ला रहे हैं।

रामी

तो हम कौन सा डर रहे हैं। हमारे पास तो एक परमानेन्ट आइटम बम है। अपना गजेन्द्र है। गजेन्द्र की जवानी हाय हाय।

गजेन्द्र

सपने देखते रहो। ऐसा कुछ नहीं होने वाला है।

रामी

यानी गजेन्द्र की जवानी, हाथ किसी के न आनी।

गजेन्द्र रामी को मारने दौड़ता है। केदार का प्रवेश।

केदार

सुनो तुम लोग। पिथौरागढ़ का शरद मेला है भाई। कोई मामूली बात नहीं है। इस बार कुछ धमाकेदार करना चाहिए।

गजेन्द्र

हाँ करना चाहिए। केदार, इस बार बेडु पाको बारा मासा तो मत ही रखना। बेडु के साथ मैं भी पक गया हूँ।

परमानंद

इस बार तो कुछ नया होना ही चाहिए, केदारी। इज्जत का सवाल है। धाक जमानी है धाक। और धाक जमाने के लिए तो अपना एक ही है, गजेन्द्र।

गजेन्द्र

अधिक न चढ़ाओ काका।

परमानंद

अरे मैं कहाँ चढ़ा रहा हूँ। ठीक ही तो कह रहा हूँ। हम कहाँ धाक जमा सकने वाले ठहरे। हमारे किये तो दही भी न जमे।

केदार

ननद-भाभी पर आधारित एक नृत्य गान कैसा रहेगा?

परमानंद

अरे चेला, ये तो भौते बढ़िया रहेगा। इस विषय पर गाने भी एक से एक मिल जाएँगे।

रामी

ठीक कहते हो काका। बहुत से गाने तो मेरी भौजी को ही याद हैं।

गजेन्द्र

नहीं-नहीं यह ननद-भाभी वाला आइडिया ही बेकार है।

रामी

ये लो, अब ये भी आइडिया देने लगे।

केदार

अबे तुमसे पूछ ही कौन रहा है!

गजेन्द्र

देखो केदार, यह लड़कों का ग्रुप है।

केदार

हाँ है। तो?

रामी

इसे अपने बारे में थोड़ा शक है।

सब हँसते हैं।

गजेन्द्र

चुप करो तुम लोग। मैं कहता हूँ जब ग्रुप लड़कों का है तो लड़कियों वाले गाने क्यों चुन रहे हो?

केदार

अबे यह लड़का-लड़की का प्रश्न कहाँ से आ गया?

रामी

यहाँ प्रश्न है पिथौरागढ़ शरद मेले के लिए एक जोरदार प्रस्तुति का।

परमानंद

प्रश्न है इज्जत का। प्रश्न है चंपावत वालों के सामने धाक जमाने का।

गजेन्द्र

काका तुम चुप करो तो। मैं कह रहा था कि जब हमारे ग्रुप में एक भी लड़की नहीं है तो ननद-भाभी वाला गाना ही क्यों चुनें जिस में दोनों पात्र लड़कियों के हैं।

केदार

तो तुम किस मर्ज की दवा हो? भूल गये पिछले मेले में घसियारन के रोल के लिए तुम्हें कितनी तालियाँ मिली थीं।

गजेन्द्र

मुझे इस बार लड़की नहीं बनना है। घाघरा नहीं पहनना है।

केदार

ठीक है मत पहनो घाघरा।

परमानंद

चेला, इस बार तू साड़ी पहन ले।

रामी

हाँ, स्कर्ट तो तुम नहीं पहन सकते। पाँवों में उस्तरा चलाना पड़ेगा। तुम्हारे टाँगों की वैक्सिंग तो यहाँ कोई करने से रहा।

केदार

(रामी से) अरे चुप कर तो। (गजेन्द्र से) सीरियसली, हमारे ग्रुप में और कौन है जिसके पास तुम्हारी तरह के लटके-झटके हों?

गजेन्द्र

मुझे हर बार ही लड़की का रोल क्यों मिलता है?

रामी

अब यह भी बताना पड़ेगा।

केदार

तो ठीक है। तय हो गया। इस बार ननद का रोल रामी करेगा।

रामी

म... म... मैं क्यों!

केदार

तुम क्यों नहीं?

रामी

केदार, मैं नहीं कर पाऊँगा। मैं करने लगूँ तो कहीं बीच का बन के न रह जाऊँ।

केदार

तो फिर जो कर सकता है उसका मजाक क्यों उड़ा रहे हो?

रामी

समझ गया। अब नहीं उड़ाऊँगा। गजेन्द्र मेरे बाप, मेरे बुबु, मेरे काका, बुरा मत मानना यार। गलती हो गई। सॉरी। (साष्टांग लेटता है।)

गजेन्द्र

साला नौटंकी। जो भी हो केदार, इस बार मैं घाघरा नहीं पहनने वाला।

परमानंद

चेला, तू लड़का है या लड़की?

गजेन्द्र

काका, अब क्या ये उटपटाँग सवाल पूछ रहे हो।

परमानंद

मैं इसलिए पूछ रहा हूँ कि मैंने तुझे लड़का समझ रखा था। अब तू नखरे कर रहा है लड़कियों वाले। कहीं लड़कियों का रोल करते-करते तुम लड़कियों की तरह ही तो नहीं हो गये हो!

गजेन्द्र

हाँ-हाँ काका, तुम भी फटे में अंगुली डाल ही लो। जब सभी फिकरे कसते हैं तो तुम क्यों पीछे हटोगे।

परमानंद

न मैं कुछ कस रहा हूँ और न ही कुछ ढीला कर रहा हूँ। (गरज कर) हजार बातों की एक बात है। करना है तो करना है। बस।

गजेन्द्र

(कुछ देर तक सोचता है।) ठीक है भई। चलो एक बार फिर सही। केदार तुम चिंता मत करो। भाभी का रोल मैं निभा लूँगा। ननद का रोल कौन कर रहा है?

केदार

परमानंद काका।

परमानंद कमर मटकाता है।

पर प्रोग्राम को सफल बनाने की जिम्मेदारी केवल तुम पर रहेगी। परमानंद काका भी रहेंगे पर उनके पास तुम्हारी तरह के लटके-झटके कहाँ हैं!

गजेन्द्र

बस अब और मत चढ़ाओ। काका चलो थोड़ी प्रैक्टिस कर लेते हैं।

केदार

गाना है

छै हाथ छोरी नौ हाथ फुन्ना

गजेन्द्र भी साथ देता है।

छै हाथ छोरी नौ हाथ फुन्ना,
त्वे कैले दीछ लटी को फुन्ना?
(छह हाथ की छोरी और नौ हाथ लंबा पराँदा, तुमको किसने दिया
अपने बालों के लिए पराँदा?)

परमानंद

(इतरा कर) मैंतुड़ी गयूँ लटी को फुन्ना, इजु ले दीछ लटी को फुन्ना।
(मैं मायके गयी थी, मेरी माँ ने दिया है यह बालों के लिए पराँदा।)

सब हँसते हैं। फेड आउट।

गजेंद्र बैठा हुआ है और अपना घाघरा ठीक कर रहा है। केदार आता है।

केदार

हे विधाता, लगता है तुमको कुछ और ही मंजूर है। अरे हमने तुम्हारा क्या बिगाड़ा था कि इस छोटे-से नृत्य-गान में अड़ंगा डाल दिया।

रामी का प्रवेश।

रामी

केदार, हम यह क्या सुन रहे हैं। यह सच है क्या?

केदार

खुद ही देख लो।

कंबल ओढ़े परमानंद आता है।

परमानंद

(बोलने की कोशिश करता है, पर उसका कहा किसी की समझ में नहीं आता है। वह इशारों में बताता है कि उसका गला बंद है और उसे बुखार है।)

केदार

परसों शो है। और परमानंद काका को तेज बुखार है। गला बैठ गया है। बोलती एकदम बंद हो गई है अलग से। अरे काका तुमने

तो लुटिया ही डुबो दी। यह नहीं हुआ कि दो दिन बाद बीमार पड़ते! हमारी मंडली में अभी कोई ऐसा नहीं जो इस रोल को कर सके।

गजेन्द्र

लो साले और चुनो लड़की वाले रोल। कितना कहा था कि भैया लड़कों का ग्रुप है भाई-भतीजा वाले गाने चुनो पर नहीं। अब तो डूब गई न लुटिया। कौन करेगा अब ननद का रोल?

केदार

इतना मत उछलो। कोई न कोई रास्ता निकल आयेगा। जब मालूम पड़ा कि परमानंद काका बीमार पड़ गये हैं, तब से मैं भी चुप नहीं बैठा। दौड़-धूप कर ही रहा हूँ।

गजेन्द्र

दौड़-धूप करके पता नहीं क्या साधने वाले हो।

परमानंद

(केदार के सामने हाथ जोड़ता है और इशारों में बताने की चेष्टा करता है कि केदार को कुछ न कुछ करना चाहिए नहीं तो चंपावत वाले नाक काट कर ले जायेंगे।)

केदार

काका, तुम अब किसी काम के नहीं। एक कोने में पड़े रहो। खैर मैं आसानी से हार मानने वालों में से नहीं हूँ।

गजेन्द्र

वही ढाक के तीन पात। कौन सा तीर मार लोगे?

परमानंद

(बैठी हुई आवाज में।) बिगड़ी बना दो हे शिवजी महादेवा।

बाहर से आवाज आती है "केदार दा, ओ केदार दा।"

केदार

लगता है शिव जी की कृपा हो गई है। काम बनने के आसार हैं। मैं अभी आया।

केदार उछल कर बाहर जाता है। गजेन्द्र और रामी एक दूसरे का मुँह देखते हैं।

परमानंद

अरे, चेला, गजेन्द्र। ननद वाला घाघरा भी तू ही पहन ले। इज्जत का सवाल है। नहीं तो चंपावत वाले खूब मखौल उड़ायेंगे। (कराहता है।) ओ इजा, ओ बाबा सब पीड़ान मरछ। कोई जगा खाली नै। *(ओ माँ, ओ बापू सब जगह दर्द हो रहा है। कोई जगह खाली नहीं बची।)*

रामी

काका तुम चुप करो तो। एक तो ऐन मौके पर बीमार पड़ गये और अब हो-हल्ला कर रहे हो। इसी को कहते है लगन के बखत हगन। *(लग्न के समय दीर्घ शंका।)* अरे केदारी ठीक ही कह रहा था, दो दिन बाद बीमार नहीं पड़ सकते थे?

परमानंद

ऐ रामी हरामी तू ठहर जा, जरा ठीक हो लूँ फिर मजा चखाता हूँ तुझे।

केदार और रुकमा का प्रवेश।

केदार

बैनी, तू एकदम चिंता मत कर। सब घर के ही लोग हैं। यह रामी है। वह जो संगमरमर पर गोबर की तरह पड़े हुए हैं न, वो परमानंद काका है। ऐन वक्त पर बीमार पड़ गये। नहीं तो सब ठीक जा रहा था।

परमानंद

अरे केदारी, मैं जानबूझ कर तो बीमार नहीं पड़ा। यह मेरे वश में थोड़े ही है।

केदार

क्यों नहीं है वश में। अरे, 15 अगस्त को किसी प्रधानमंत्री को बीमार पड़ते देखा है? खैर बैनी, यह गजेन्द्र है। हमारे ग्रुप का सबसे अच्छा कलाकार है। बहुत अनुभवी कलाकार है। कुछ ऊँच-नीच हुई तो सँभाल लेगा। स्टेज की बाईं ओर तुम रहोगी और दाहिनी ओर गजेन्द्र। तुम घबड़ाना मत। चलो पहले मैं तुमको सीन समझाता हूँ।

केदार रुकमा को मंच के स्टेज वाले भाग में ले जाता है और चाक से निशान कर समझाता है।

गजेन्द्र

रामी, इतनी ढीली-ढाली लड़की देखी है कभी। यह क्या रोल करेगी ननद का।

रामी

सबकुछ ही तो बेमेल है। जींस के ऊपर अपने दादाजी का मंकी कैप! (हँसता है।)

परमानंद

ओ इजा। हे भगवान।

रामी

अरे काका, अब तो भगवान का ही नाम लेना है। यह शो तो डूबा ही समझो।

परमानंद

अरे नालायको, वह असल है। हमलोग तो उनकी नकल ही करते हैं। जो भी करेगी, हमसे तो अच्छा ही करेगी।

केदार और रुकुमा पास आते हैं।

केदार

(रुकुमा से) कदम सब समझ में आ गये हैं न।

रुकुमा सिर हिलाती है।

केदार

धुन तो तुम्हें मालूम ही है। कदम मैंने समझा दिये हैं। जरा करके दिखाओ।

रुकुमा

अभी तो नहीं होगा मुझसे। गाने का एक सीडी दे दो। अब जो कुछ भी मुझसे बन पड़ेगा वह स्टेज में ही करूँगी।

केदार

ठीक है।

केदार सीडी देता है। रुकुमा सबकी ओर हाथ जोड़ कर जाने लगती है। रास्ते में गजेंद्र खड़ा था। उसको देखते हुए वह उसका बगल से निकल जाती है।

रामी

और कोई होता तो मैं अब तक कट लिया होता। तुम लोगों के कारण अब तक इस फ्लाप शो से जुड़ा हुआ हूँ। हद होती है यार। केदार को मिली भी तो यह मंकी कैप। इससे तो अच्छा था इस मेले से अपना नाम ही वापस ले लेते।

परमानंद

खबरदार जो नाम वापस लेने की बात की तो। चंपावत वाले उल्टी छुरी से नाक काटेंगे।

गजेन्द्र

अरे मंकी कैप को छोड़ो। आँखें देखीं उसकी। आँखें क्या हैं गहरे नीले रंग की दो झीलें हैं। रंग कितना गोरा है उसका।

रामी

क्या बात करते हो यार तुम भी। आँखें नीली हैं या पीली, कौन देखता है। लोग तो उसका नाच देखेंगे न, कि कैसा नाचती है। और फिर रंग गोरा हो जाने से ही तो कोई कलाकार नहीं हो जाता! वह स्टेज में कुछ कर भी पाएगी!

गजेन्द्र

हाँ यार केदार, यह कन्या क्या गा भी पाएगी? यार, कहीं जनता से पिटवा न दे?

केदार

इतने कम समय में मुझसे जो बन पड़ा है वह मैंने कर दिया। बस यही एक मिली। वह भी बड़ी मुश्किल से उसके परिवार वाले राजी हुए। शो नहीं करने से तो मिट्टी पलीद हो जाएगी। वैसे लड़की पहले स्टेज में आ चुकी है, कर लेगी। फिर तुम तो हो ही सम्हालने के लिए।

गजेन्द्र

मेरी समझ में एक बात नहीं आई। तुमने कल दिन में प्रैक्टिस क्यों नहीं रखी? एकदम सीधे स्टेज में कैसे उतरेगी वह।

केदार

मैंने कोशिश तो की थी कि वह कल प्रैक्टिस के लिए मिल जाय, पर सफल नहीं हुआ। जवान लड़की को मेले में अकेले कौन छोड़ता है। वह तो मैं उन लोगों को जानता हूँ, इसलिए किसी तरह शाम के लिए राजी कर लिया।

परमानंद

इस प्रोग्राम के तो शिवजी ही मालिक हैं। हे त्रिपुरारि, हमारे इस छोटे से प्रोग्राम में तुम अपना प्रोग्राम क्यों घुसेड़ रहे हो! अब परसों हमारी पत रख लेना। देखो भगवान परसों चंपावत वालों के सामने हमारी ऐसी-तैसी मत होने देना।

पहाड़ी संगीत। मंच में झिलमिल प्रकाश में गजेन्द्र तैयार हो रहा है। केदार आता है।

केदार

तुम लोग सब तैयार हो? पर्दा पन्द्रह मिनट में खुलने वाला है। गजेन्द्र चेक लिस्ट देख ली?

गजेन्द्र

नहीं।

केदार

इधर लाओ (चेक लिस्ट से मिलान करता है।) लहंगा?

गजेन्द्र

है।

केदार

आलता?

गजेन्द्र

चेक।

केदार

नेल पालिश?

गजेन्द्र

चेक।

केदार

नाक की कील? (गजेन्द्र नाक की कील खोजता है।) नाक की कील?

गजेन्द्र

वहाँ रखी है अभी लगाता हूँ।

केदार

यार तू डुबाएगा।

गजेन्द्र

केदार मैं पहले ही नर्वस हूँ, और नर्वस मत करो। आगे बालो।

केदार

झुमके?

गजेन्द्र

हैं।

केदार

गले की माला?

गजेन्द्र

है।

केदार

पायल?

गजेन्द्र

चेक। (पायल बजाता है।)

केदार

छाती?

गजेन्द्र

(दोनों हाथों से पकड़ कर) चेक।

केदार

चोली?

गजेन्द्र

कुछ ज्यादा ही नहीं हो रहा है। छाती है तो चोली भी होगी न। बिना चोली के छाती कैसे टिकेगी।

केदार

ठीक है, ठीक है। सब कुछ चेक कर लेना अच्छा है। बाल?

गजेन्द्र

चेक।

केदार

बालों में फूल?

गजेन्द्र

हैं।

केदार

रूज, लिपस्टिक?

गजेन्द्र

सब तरफ से लैस।

रामी

क्या लगरैले हो गुरु!

गजेन्द्र

चुप बे। पहली बार किसी लड़की के साथ काम कर रहा हूँ, कुछ झिझक मालूम हो रही है। मुझे ऐसा क्यों लग रहा है कि मैं उसके सामने एकदम कार्टून लगूँगा? वो क्या है न कि लड़की के सामने लड़की के वेश में आने से लग रहा है जैसे कोई चोरी कर रहा हूँ।

रामी

काहे की चोरी। अरे भई कलाकार हो तुम। लो वो भी आ गई। चलो गनीमत है मंकी कैप उतार कर आई है।

लड़की मेकअप रूम से बाहर निकली। गजेन्द्र एकदम असभ्य बन कर दीदे फाड़ कर देखता ही रह गया। कल की मंकी कैप वाली लड़की

अपनी पूरी कमनीयता के साथ उसके सामने खड़ी थी। आलता लगे पाँवों से लेकर ताजा लिपस्टिक लगे होंठों तक। वह उसे देखे नहीं अघा रहा था।

केदार

उसको खींच कर एक ओर ले जाता है।

केदार

अबे क्या कर रहा है? लगता है तुमने लड़की पहले कभी नहीं देखी!

गजेन्द्र

मुझे भी ऐसा ही लगता है। लगता है आज पहली बार देख रहा हूँ।

केदार

गजेन्द्र पिटवायेगा क्या, उसे इस तरह क्यों घूर रहा है?

गजेन्द्र

मैं नोट कर रहा था कि मेरे मेकअप में क्या-क्या कमी है।

केदार

अगर रुकुमा बिदक गई न, तो मेरा जूता और तेरा सिर।

गजेन्द्र

वह लड़की है कोई भैंस नहीं जो बिदक जाएगी। (वह फिर रुकुमा के पास जा कर उसे देखने लगता है।)

रुकुमा

मुझे ऐसे मत देखो। लोग देख रहे हैं।

गजेन्द्र

तुम्हारी आँखें बहुत सुंदर हैं रुकुमा।

रुकुमा आँखें चुराती है।

रुकुमा

पर्दा खुलने वाला है।

गजेन्द्र

प्रोग्राम के बाद रुकना।

रुकुमा

दादा लेने आ रहा है।

गजेन्द्र

तो... तो... कल सुबह? सुबह छह बजे उल्कादेवी के मंदिर में मिलो न।

रुकुमा ना में सिर हिलाती है।

रामी

अबे पर्दा खुलने वाला है, स्टेज पर जाओ। (गजेन्द्र को धक्का दे कर स्टेज में भेजता है।)

केदार

उधर नहीं। इस ओर आओ। गजेन्द्र अपनी जगह पर जाओ। अबे ओ गजेन्द्र, साले होश में आओ।

परमानंद

(एक टाँग पर खड़े हो कर, सिर के ऊपर हाथ जोड़ते हुए।) हे शिवजी। मदद करो। चंपावत वालों के सामने हमारी इज्जत रख लो।

पर्दा खुलने की घंटी।

केदार

पर्दा।

केदार

अबे रामी, साउण्ड क्या हुआ। गाना नहीं आ रहा है।

रामी

पता नहीं। यहाँ तो सब ठीक ही चल रहा है, पता नहीं आवाज क्यों नहीं आ रही है।

केदार

अबे तुमने स्विच ऑन किया कि नहीं?

रामी

क्या बात करते हो यार, डिसप्ले में सब दिखाई दे रहा है, पर आवाज नहीं आ रही है।

परमानंद

आवाज नहीं आ रही है... शिव जी...

केदार

काका तुम एक जगह बैठो तो...

परमानंद

शिव जी, शिव जी।

रामी

मुझे चक्कर आ रहा है। (वहीं बैठ जाता है।)

गजेन्द्र

(रुकुमा से) गाना नहीं बज रहा है। मैं उधर जाकर देखता हूँ।

रामी के पास जाता है।

गजेन्द्र

रामी क्या कर रहा है यार! ऐसे क्यों बैठा है? गाना क्यों नहीं बजा रहा है?

केदार

साउण्ड पैकअप कर गया है।

गजेन्द्र

(घबड़ा कर) हे भगवान। अब क्या होगा!

केदार

खुद ही गा दो। जैसे-तैसे निकाल दो।

गजेन्द्र

(चिल्ला कर) अबे तुमने मुझे समझ क्या रखा है?

केदार

स.. स.. स.. धीरे बोल।

गजेन्द्र

(धीरे से) अबे तुमने मुझे समझ क्या रखा है। पर्दा खुल गया है। और अब कह रहे हो कि गाना गा दो!

परमानंद

शिव जी.. शिव जी।

गजेन्द्र

काका तुम चुप करो।

परमानंद

शंभो.. शंभो।

केदार

किसी तरह सँभाल ले यार। इसके बाद मैं सन्यास ले लूँगा।

गजेन्द्र स्टेज के घेरे में जाता है।

गजेन्द्र

(धीमी आवाज में रुकुमा से) वहाँ बहुत गड़बड़ है। साउण्ड सिस्टम खराब हो गया है। मैं ही जैसा-तैसा गाता हूँ।

केदार

(खुसफुसा कर) गजेन्द्र गाने की लाइन बोल।

गजेन्द्र दौड़ कर केदार के पास जाता है।

गजेन्द्र

(खुसफुसा कर) लाइन भूल गया। जल्दी से लाइन बता।

केदार अपने बाल नोचने लगता है। गजेन्द्र दौड़ कर रामी के पास जाता है।

रामी पहली लाइन क्या है।

रामी

किस लाइन की बात कर रहा तू।

गजेन्द्र

हे भगवान! (घबराहट में परमानंद के पास जाता है।) काका ?

परमानंद आँखें बंद कर कुछ मंत्र बुदबुदाता है। गजेन्द्र परमानंद की ओर से निराश हो कर दौड़ कर स्टेज में जाता है। स्थिति को रुकुमा सँभालती है। वह मादक चाल से चलती हुई गजेन्द्र के पास आती है और एक हाथ से वेणी हिलाती हुई स्टेज की दूसरी ओर जाती है। वेणी देख कर गजेन्द्र को लाइन याद हो आती है।

गजेन्द्र

(जोर से)लाइन याद आ गई।

रुकुमा

स... स... स...

गजेन्द्र

छै हाथ छोरी नौ हाथ फुन्त्रा।

केदार

(स्टेज के घेरे के पास आता है। धीमी आवाज में) अरे तुम भाभी का रोल कर रहे हो। आवाज लड़कियों की तरह बनाओ।

गजेन्द्र

(पतली आवाज में) छै हाथ छोरी नौ हाथ फुन्त्रा, त्वे कैले दीछ लटी को फुन्त्रा? (छह हाथ की छोकरी और नौ हाथ लंबा पराँदा। तुमको किसने दिया यह पराँदा?)

रुकुमा

मैंतुड़ी गयूं लटी को फुन्त्रा, इजु ले दीछ लटी को फुन्त्रा। (मैं मायके गयी थी, वहीं मेरी माँ ने दिया यह पराँदा।)

गजेन्द्र

छै हाथ छोरी नौ हाथ फुन्त्रा, त्वे कैले दीछ लटी को फुन्त्रा?

गजेन्द्र दौड़ कर केदार के पास जाता है।

मुझे इससे आगे कुछ याद नहीं।

परमानंद

शिव जी.. शिव जी!

केदार

(वहीं बैठ जाता है।) रामी पानी पिला दे।

गजेन्द्र दौड़ कर स्टेज में आता है

गजेन्द्र

छै हाथ छोरी नौ हाथ फुन्ना, त्वे कैले दीछ लटी को फुन्ना?

रुकुमा

मैंतुड़ी गयूं, लटी को फुन्ना, इजु ले दीछ लटी को फुन्ना।

केदार

(लगभग रोते हुए) अबे आगे तो बढ़ो।

गजेन्द्र

(रुकुमा से धीमे से) बहुत गड़बड़ हो रही है। मैं दूसरा गाना गाता हूँ।

गजेन्द्र दौड़ कर अंदर जाता है और अपनी चोली उतार कर फैंक देता है।

रामी

अबे अपने कपड़े क्यों खोल रहा है?

गजेन्द्र अपनी ओढ़नी को चादर की तरह लपेट लेता है। अब वह पुरुष की तरह दिखने लगता है। दौड़ कर स्टेज वाले भाग में आता है।

गजेन्द्र

(गाता है।)
जाई फूली चंपा फूली, सुवा, सरसों फूली खेत।
यो दिन यो मास अब कब होली भेंट।
यो बाटो काँ जान्या हो ला? सुरा सुरा देवी का मंदिरा?
(जाई चंपा के फूल खिले हैं। खेतों में सरसों फूली हुई है। आज का दिन है आज का महीना है फिर कब भेंट होगी प्रिये? यह रास्ता कहाँ जा रहा है, देवी के मंदिर तो नहीं?)

(धीमे से) रुकुमा जवाब दो।

रुकुमा के चेहरे पर घबड़ाहट के भाव। वह स्टेज छोड़कर जाने लगती है तो गजेन्द्र गाता है।

गजेन्द्र

तेरा गाला मुंगै की माला, मेरा गाला जंजीरा।
तेरी मेरी भेंट सुआ देवी का मंदिरा।
(तेरे गले में मूंगे की माला है, मेरे गले में जेजीर। तेरी-मेरी भेंट देवी के मंदिर में हुई थी प्रिये।)

रुकुमा

(गाने में गजेन्द्र का साथ देती है।)
यो बाटो काँ जान्या हो ला, सुरा सुरा देवी का मंदिरा?

गाना समाप्त हुआ। तालियों की गड़गड़ाहट। दोनों दर्शकों का झुक कर अभिवादन करते हैं।

गजेन्द्र

(धीमे से) कल सुबह उल्कादेवी के मंदिर में मिलना।

रुकुमा ने हल्के से ना में सिर हिला दिया। अंधकार। प्रकाश जब लौटता है तो रुकुमा कपड़े बदलने चली गई है।

केदार

ये क्या हो गया यार।

रामी

ऐसा तो कभी नहीं हुआ था।

गजेन्द्र

जिम्मेदारी तुम्हारी थी न। हर समय मजाक मखौल। इतना बड़ा शो और तुम्हारा तो अपने काम पर ध्यान ही नहीं। तुम्हें तो कोड़े लगाने चाहिए और उसके बाद घाव में नमक मिर्च लगाना चाहिए।

रामी

अब जो होना था हो गया न यार। सिस्टम ही पैकअप कर गया तो इसमें मैं क्या कर सकता हूँ। हमारा भाग्य खराब था, जो आज ही ऐसा होना था। अब क्या मेरी जान लोगे?

गजेन्द्र

केदार, रुकुमा कौन है?

केदार

मेरे एक मित्र की बहन रुक्मणी। उसको आने दो अभी परिचय कराता हूँ।

रामी

वह तो गई।

केदार

कहाँ गई।

रामी

डाक बंगले। उसका भाई आया था उसके साथ चली गया।

गजेन्द्र

वह भी क्या सोचती होगी हमारे बारे में।

परमानंद

तुम्हें उस लौंडिया की पड़ी है। चंपावत वाले...

केदार

बस काका, अब हिम्मत नहीं है कुछ और सुनने की।

स्टेज पर अँधेरा।

नेपथ्य से गजेन्द्र के गाने की आवाज आती है। रुकुमा मंच में एक ओर खाट में सोयी हुई है। गजेन्द्र की आवाज सुन कर खड़ी हो जाती है।

गजेन्द्र

(गाता है।)
तेरा गाला मुंगै की माला, मेरा गाला जंजीरा।
तेरी मेरी भेंट सुआ देवी का मंदिरा।
ये बाटो काँ जान्या हो ला, सुरा सुरा देवी का मंदिरा?

अँधेरा।
अँधेरे में रुकुमा की खाट हटा ली जाती है। मंच में सुबह का प्रकाश बिखरता है। मंदिर की घंटियाँ और तोरण दिखाई पड़ रहे हैं। तोरण के पास गजेन्द्र खड़ा है। दूसरी ओर से रुकुमा गजेन्द्र की ओर आती है। चाल से पता चलता है कि वह चढ़ाई चढ़ रही है। चढ़ाई के कारण उसकी साँस तेज और गहरी चल रही है। बाल रूखे हैं। जिन कपड़ों में सोयी थी उन्हीं में यहाँ चली आई है। दोनों आमने-सामने खड़े एक-दूसरे को देखते और आँखें चुराते हैं। फिर दोनों की टकटकी बँधती है।

गजेन्द्र

रुकुमा (नाम का सरस उच्चारण करते हुए) मुझे विश्वास नहीं था कि तुम आओगी।

रुकुमा

मुझे भी विश्वास नहीं था। पर तुम्हारी आवाज सुनी तो...

गजेन्द्र

मेरा नाम गजेन्द्र है।

रुकुमा

मुझे मालूम है। केदार दा ने बताया था।

गजेन्द्र

तुम्हारा नाम बहुत प्यारा है रुकुमा।

> **रुकुमा कुछ नहीं बोली जमीन की ओर देखती रही।**

रुकुमा

(धीरे से एक ओर हो जाती है और स्वयं से कहती है।) हे मैया, यह सब कैसा गोरखधंधा है। इस व्यक्ति में ऐसा क्या है, जो मैं खिंची चली आई। मुझे अपने ऊपर पहले की तरह संयम क्यों नहीं रहा।

> **मंदिर की ओर उन्मुख होती है, मंदिर की घंटी बजाती है। हाथ जोड़ कर ध्यानमग्न होती है।**

गजेन्द्र

रुकुमा।

रुकुमा

हूँ।

गजेन्द्र

तुम्हें मालूम है, रुकुमा कई पहाड़ी गानों की नायिका है?

रुकुमा ने आहिस्ता से सिर हिला दिया।

गजेन्द्र

(भर्राये गले से) क्या तुम...क्या तुम मेरी नायिका बनोगी... बन सकोगी रुकुमा?

रुकुमा ने उसकी ओर देखा। मुँह से शब्द निकालना उसे कठिन प्रतीत हो रहा था। जब वह बोली तो स्वयं अपनी आवाज नहीं पहचान पाई।

रुकुमा

बहाना बना कर इतनी चढ़ाई चढ़ कर तुम्हारे पास आई हूँ गजेन्दर।

गजेन्द्र ने उसका हाथ थाम लिया। रुकुमा ने हजारों साल से चली आ रही परंपरा का अनुसरण करते हुए अपना हाथ छुड़ा लिया।

रुकुमा

अब मैं जाती हूँ।

गजेन्द्र

फिर कब मिलोगी?

रुकुमा उत्तर नहीं देती है।

गजेन्द्र

रुकुमा अब कब होली भेंट?

रुकुमा

पता नहीं गजेन्दर। हम लोग आज दिन को ही डाकबंगला छोड़ कर जा रहे हैं।

गजेन्द्र

क... हाँ?

रुकुमा

अपने गाँव। नवगाँव।

गजेन्द्र

बडारी के ऊपर वाला?

रुकुमा

हाँ।

> **गजेन्द्र मंदिर की घंटी बजाता है। हाथ जोड़ कर ध्यानमग्न होता है।**

गजेन्द्र

द्योचूली का मंदिर तुमने देखा है?

रुकुमा

हाँ।

गजेन्द्र

वहाँ मुझसे मिल सकोगी रुकुमा?

> **गजेन्द्र की ओर देखते हुए रुकुमा ने स्वीकृति में सिर हिला दिया।**

गजेन्द्र

मैं वहाँ परसों दिन में 10 बजे तुम्हारी प्रतीक्षा करूँगा।

> **रुकुमा स्टेज पर गहरे सोच में। फेड आउट।**

दृश्य – 4.1

स्थान द्योचूली का मंदिर। रुकुमा और गजेन्द्र बैठे हुए हैं।

रुकुमा

तुमने बुलाया, लो मैं आ गई गजेन्दर।

गजेन्द्र

दीवार फाँद के, नदी पहाड़ लाँघ के। छुपते-छुपाते, कमर-ज्यौड़ी बाँध के। *(कमर में रस्सी लपेट कर।)*

रुकुमा

वह सब तो नहीं करना पड़ा पर जो किया वह कम भी नहीं है। दादा और भौजी को धोखे में रख कर, बहाना बनाकर आयी हूँ।

गजेन्द्र

यहाँ तो मेरा अजब हाल हो रहा था। विश्वास नहीं हो रहा था कि तुम आ पाओगी।

रुकुमा

कहा तो था कि आऊँगी। फिर कैसे नहीं आती भला। एक बार डर तो लगा था कि पता नहीं तुम आओगे या नहीं पर जब उल्का देवी के मंदिर में तुम्हारा चेहरा याद किया तो विश्वास हो गया कि गजेन्दर अवश्य आयेगा।

गजेन्द्र

आ तो गया, पर बदहवासी में आँखों में तुम्हारी प्यारी मुखड़ी को छोड़ कर, सब कुछ पिथौरागढ़ में ही छूट गया। वह तो भला हो धन सिंह का जिसकी मदद से रहने और खानेपीने का जुगाड़ हो गया।

रुकुमा

धन सिंह! वो बकुवाभाट *(बहुत बोलने वाला)*, वो कहाँ मिल गया तुमको?

गजेन्द्र

नीचे वड्डा बजार में मिल गया था। उसने मुझे यहाँ फाइवस्टार होटल में ठहराया है।

रुकुमा

यहाँ मंदिर की धर्मशाला में ठहराया होगा। आजकल तो यहाँ बहुत ठंड पड़ती है। दो तीन कंबलों के बिना काम नहीं चलता है। फिर यह जगह पहाड़ की चोटी पर है। रात को तो बहुत ही अधिक ठंड पड़ती होगी।

गजेन्द्र

अरे धन सिंह द ग्रेट ने चार कंबल पहुँचा दिये हैं। दो बिछाने के लिए और दो ओढ़ने के लिए। मेरी चिंता मत करो रुकुमा। तुम बताओ तुमने क्या-क्या पापड़ बेले यहाँ आने के लिए।

रुकुमा

मैंने कुछ नहीं किया गजेन्दर। लगता है भगवान ने पहले ही बंदोबस्त कर रखा था। तुमको तो मालूम होगा कि पहाड़ के गाँवों

में जानवरों को दिन में चरने के लिए खोल दिया जाता है। एक गाँव के सभी जानवर झुंड बनाकर जंगल में जाते हैं, वहाँ चरते-विचरण करते हैं और गोधूलि होने पर झुंड में वापस चले आते हैं। झुंड के साथ चरवाहे भी जाते हैं पर जब सभी जानवर सधे होते हैं तो किसी को साथ जाने की आवश्यकता नहीं पड़ती है।

गजेन्द्र

हाँ तो?

रुकुमा

तो यह कि दादा ने एक गाय खरीद रखी है। चूँकि गाय नयी है इसलिए उसके साथ किसी को जाने की आवश्यकता पड़ती है। यह काम मेरे जिम्मे पड़ा है। सुबह दिन निकलने पर सब जानवरों के साथ गाय को लेकर इस जंगल में आती हूँ, यहाँ सबके साथ उसे चरने छोड़ देती हूँ। दोपहर में खाने जाती हूँ और तीसरे पहर गाय को वापस हाँकने जंगल पहुँच जाती हूँ। गाय अब कुछ सध गई है। अब उतनी देखभाल नहीं करनी पड़ती।

गजेन्द्र

कितना अच्छा है न कि गोमाता हमें मिलाने में सहायक हो रही है।

रुकुमा

मुझे बहुत डर लग रहा है गजेन्दर।

गजेन्द्र

डर तो मुझे भी लग रहा है। यहाँ तक तो आ गये हैं। अबआगे की राह बनानी है।

रुकुमा

गजेन्दर, तुम तो इस ओर के नहीं हो, फिर इस मंदिर के बारे में कैसे जानते हो?

गजेन्द्र

एक बार कुछ लोगों के साथ गणमेश्वर गया था। यहीं से हो कर गया था।

रुकुमा

ये लो। मेल। हमारे आँगन में पेड़ है। बहुत मीठे मेल लगते है।

गजेन्द्र

हमारे गाँव में भी मेल होते हैं। जीभ एकदम काली हो जाती है।

रुकुमा

काली नहीं बैगनी।

गजेन्द्र

खा के दिखाओ।

मेल खा कर रुकुमा जीभ दिखती है।

यह तो काली है।

रुकुमा

तुम दिखाओ।

मेल खा कर जीभ दिखता है।

साफ बैगनी दिख रही है।

दोनों हँसते हैं। प्रकाश धीरे से कम होते होते झिलमिल हो जाता है।

गजेन्द्र

(अँधेरे में रहता है। प्रकाश में केवल रुकुमा होती है।)
यह निःशब्द रात यह स्वच्छ चांदनी पेड़ों पर।
यह झींगुर का बोलना यह मेढक की टर्र टर्र।
कोलाहल से दूर इस गहन वन में क्या स्वर्ग उतरा है धरती पर।
यह तारों भरा आकाश यह मधुर मंद बयार।
हौले हौले से उड़ते तुम्हारे केश अपार।
यह चंचल नयन तुम्हारे लिए एक मंद हास।
कर रहे शरारत होंठ बोलने का है कुछ प्रयास।

रुकुमा

(अँधेरे में रहती है। प्रकाश में केवल गजेन्द्र होता है।)
यह नयनाभिराम दृश्य कितना तृप्त है मन।
यह चांदनी झींगुर का बोलना और तृण तोड़ते तुम।
चलो भूलते हैं भूत और भविष्यत को हम,
इसी पल का तो है अस्तित्व, इसी के लिए जिएँ हम।

**विराम।
दोनों पर प्रकाश। दोनों आमने-सामने खड़े हैं।**

रुकुमा

आगे तो मिलेंगे नित्य जीवन के झमेले।
कल तो आयेंगे छोटे बड़े दुखों के मेले।

चलो बदल डालते हैं समय काल का विधान,
बनाते हैं एक आये इसी पल को खींच तान।

फेडआउट। दोनों जाते हैं।
रुकुमा का प्रवेश।
मंच में चार सॉफ्ट स्पॉटलाइट के बीच रुकुमा दाएँ से बाएँ और बाएँ से दाएँ टहलती है।

रुकुमा

(स्वगत) मेरी समझ में एक बात न ऊन ला रै *(मेरी समझ में एक बात नहीं आ रही है)* कि मुझे यह क्या हो रहा है। एक अनजान व्यक्ति के पीछे इस तरह खिंची चली जाने का औचित्य क्या है। क्यों मैं इस तरह विवश हो रही हूँ। मन और मस्तिष्क के संघर्ष में क्यों मन विजय पा रहा है, जब कि मेरे पास अपने मन की मानने का विकल्प है ही नहीं। आज के इस अल्ट्रा-आधुनिक युग में भी मैं एक वाग्दत्ता हूँ। पिता जी मेरे लिए इतनी अच्छी व्यवस्था कर गये हैं। इस दुनिया को छोड़ने से पहले वे बाराकोट में मेरा रिश्ता पक्का कर गये हैं। क्या इस व्यवस्था को दाव में लगाने का अधिकार है मेरे पास!

रुकू गजेन्द्र एक मरीचिका है। मत जा उस ओर। उधर काँटे ही काँटे हैं। जब यह जगविदित होगा कि नौगाँव की रुक्मणी, इन्द्रदेव की बहन, लोकलाज को ताक पर रख कर द्योचूली के मंदिर में किसी गजेन्द्र से मिलने जाती है तो दादा क्या सोचेगा, भाभी चोटी पकड़ कर बाहर निकाल देगी। बाराकोट वाले तो खैर हमसे हुक्कापानी ही बंद कर देंगे।

हाँ, यह सब है, पर क्या मुझे अपने ऊपर लेशमात्र भी अधिकार नहीं है? क्या मैं कुछ भी मन की नहीं कर सकती? क्या पता, मेरे मन की यह पुकार ही मुझे पूर्णता प्रदान करे। मैं कोई बेबस अनपढ़ गँवार नहीं हूँ। कोई गाय नहीं हूँ, जो बाराकोट वाले मुझे खोलकर ले जाएँगे। क्या...क्या किसी पुरुष से प्यार करने का मुझे कोई अधिकार नहीं?

मुझे अधिकार है। प्यार के इस इंद्रधनुष का छोर मैं अवश्य देखूँगी। यह सब गलत हो रहा है पर मेरे लिए शायद सही हो रहा है। वह बकुवा भाट धन सिंह कभी-कभी ठीक कह जाता है कि गलत भ्यो पर ठीकै भ्यो।

रुकुमा विंग में चली जाती है। उसी ओर से गजेन्द्र स्टेज में चार स्पॉटलाइट के बीच दाएँ से बाएँ और बाएँ से दाएँ टहलता है।

गजेन्द्र

सब कुछ ठीक ठाक तो चल रहा था। अच्छी-भली जिंदगी थी पिथौरागढ़ में। फिर अचानक जिन्दगी ने यह कैसा मोड़ ले लिया। कुछ दिन पहले कोई मुझसे कहता कि मैं किसी लड़की के चक्कर में इस घनघोर जंगल में पहाड़ की चोटी पर बिना आगे-पीछे सोचे रम जाऊँगा तो मैं उसे पागल कहता। तो क्या मैं ही पागल हूँ। यह पागलपन नहीं तो और क्या है कि मैं उस घनसिंह के सहारे यहाँ टिका हुआ हूँ। कब तक यहाँ रहूँगा, मुझे पता नहीं है। कल क्या करना है अभी तक सोचा नहीं है।

घनसिंह मुँह बंद रखनेवालों में से नहीं है। पता नहीं किससे क्या कहता फिर रहा होगा। रुकुमा के घरवाले सुनेंगे तो पता नहीं क्या हो? आखिर है क्या साला यह प्यार? आज के मोबाइल वाले इस युग में भी इस प्यार ने मुझे इस जंगल में पटक दिया है जहाँ कोई नेटवर्क भी नहीं है।

अँधेरा।

इन्द्रदेव के घर का आँगन।
भाभी सूप फटक रही है। रुकुमा आती है और घर
के अंदर जाने लगती है तो भाभी पूछती है।

भाभी

कहाँ से आ रही हो, रुक्मणी।

रुकुमा

नई गाय को ले गई थी द्योचूली, वहीं से आ रही हूँ।

भाभी

इतनी देर कहाँ लग गई।

रुकुमा

गाय भटक गई थी। उसी में समय लग गया।

भाभी

गाय भटक गई थी! कहीं तुम तो नहीं भटक गई, ज्यू?

रुकुमा

नहीं भौजी, मैं नहीं भटकी।

भाभी

(रुकुमा की ओर देखते हुए) द्योचूली का जंगल बहुत घना है। उसमें जंगली जानवर भी हैं।

रुकमा

जी भौजी। (जाने लगती है)

भाभी

रुक्मणी।

रुकमा

जी भौजी।

भाभी

नई गाय तो बहुत पहले ही आ गई थी। सब जानवरों के साथ। फिर जंगल में किसे खोज रही थी, ज्यू।

रुकमा चुप रहती है।

तुम तो बोल रही थीं कि गाय भटक गई है और गाय सीधे रास्ते वापस आ गई है। तुम कहाँ रह गई थी इतनी देर?

रुकमा चुप रहती है।

बोलती क्यों नहीं, रुक्मणी?

रुकमा

मुझे नहीं मालूम था कि गाय घर पहुँच गई है। मैं तो उसे वहाँ खोज रही थी।

भाभी को देखते हुए अंदर चली जाती है।
इन्द्रदेव का प्रवेश।

भाभी

हैं हो।

इन्द्रदेव

बोलो।

भाभी

जानते हो भी कि नहीं, तुम्हारी बहन रुकुमा क्या गुल खिला रही है। गाँव में छि छि थू थू हो रही है।

इन्द्रदेव

किसकी बात लेके बैठ गई तुम भी। लड़की जब जवान हो जाती है तो लोगों की आँखों में कुछ अधिक ही खटकती है। उसके किसी भी आचरण पर लोग टिप्पणी करने का अधिकार रखते हैं। और लड़की रुकुमा की तरह रूपवती हो तो अपना परम कर्तव्य समझ कर, खूब मिर्च-मसाला लगा कर टिप्पणी करते भी हैं।

भाभी

थोड़ी-बहुत समझ मुझे भी है। मैं कुछ सोच-समझ कर ही तुम्हें बता रही हूँ।

इन्द्रदेव

तुम जी, इस तरह उल्टा-सीधा बोलना छोड़ो। हम ही जब अपने घर की लड़की के लिए ऐसा बोलेंगे तो गाँव वाले तो गाँव वाले हुए।

भाभी

मैं थोड़े ही कुछ बोल रही हूँ। जो मैंने सुना है वही बोल रही हूँ। गाँव वाले तो पीठ पीछे पता नहीं क्या-क्या बोल रहे हैं। मैंने सुना है कोई उसे रुकुमा रंगीली कहता है तो कोई नकटी रुकुमा।

इन्द्रदेव

यह क्या बकवास है, जानती हो किसके बारे में बात कर रही हो? रुकुमा नैनीताल की पढ़ी-लिखी लड़की है। शालीन है। यहाँ के लोगों की तरह गँवार नहीं है। उसके आचरण पर तुम संदेह कर रही हो! रुकुमा रंगीली... छि, छि कैसी भाषा का प्रयोग कर रही हो तुम।

भाभी

यहाँ अपनी नाक कटी जा रही है और तुम्हें भाषा की पड़ी है। एक बार नाक कट गई तो शुद्ध संस्कृत बोलने पर भी नहीं जुड़ पायेगी। गाँव के लोग गँवार हैं पर अंधे नहीं हैं। जब इतने लोगों ने रुकुमा को द्योचूली के जंगल में किसी के साथ देखा है तो कुछ तो बात होगी। जाके देख क्यों नहीं आते।

इन्द्रदेव

क्या बात कर रही हो। जानती भी हो कि तुम क्या कह रही हो? यानी कि मैं अपनी ही बहन की जासूसी करूँ। वो भी रुकुमा की। देखो तुम व्यर्थ परेशान न होओ। ऐसी-वैसी कोई बात न होगी। लोगों की बात छोड़ो, वे तो तिल का ताड़ बना देते हैं, राई का पहाड़ बना देते हैं।

भाभी

ठीक है। पर यहाँ तो मुझे सुनने को मिलता है न। जब तुम्हें अपनी बहन पर इतना ही विश्वास है तो एक बार जा कर देख क्यों नहीं आते। तुम्हें डर किस बात का है। मुझे भी तसल्ली हो जायेगी। मैं लोगों को मुँह तोड़ जवाब दे सकूँगी। (इन्द्रदेव चुप रहता है) हैं हो?

इन्द्रदेव

ठीक है भागी, तुम इतना कहती हो तो मैं कल ही देख आऊँगा। पर यह जान लो, तुम मुझे बेकार में ही कष्ट दे रही हो।

भाभी

तसल्ली कर लेना अच्छा है।

इन्द्रदेव

ठीक है, ठीक है। कह तो दिया देख आऊँगा। तसल्ली भी कर लूँगा।

अँधेरा।

स्पॉट पर इन्द्रदेव।

झिलमिल प्रकाश में रुकुमा और गजेन्द्र एक दूसरे में लिप्त बैठे हैं। खिलखिला कर हँसते हैं। इन्द्रदेव ओट से उन्हें देखता है। कुछ क्षणों के लिए अँधेरा।

कुछ क्षण स्टेज खाली रहता है। इन्द्रदेव फिर उसी स्पॉट पर आता है। बाकी स्टेज अँधेरे में। नेपथ्य से आवाजें आती हैं।

गजेन्द्र

अरे क्या बात कही धन सिंह, आज तू यहीं सो जा। सुबह चले जाना। अभी थोड़ी देर में अँधेरा होने वाला है। कहाँ जाएगा अँधेरे में।

धन सिंह

नहीं बाबू सैप आज जून्येली रात है। मैं जाता हूँ। सूर्य अस्त धन सिंह मस्त। बस मस्ती में निकल जाऊँगा। तुम आराम से लेट रहो।

गीत ठुमुका ठुमा बजता है। इन्द्रदेव अपने मुँह पर कपड़ा बाँधता है और लाठी लेकर आगे बढ़ता है।

इन्द्रदेव पर फेडआउट। नेपथ्य से आवाज आती है-

साला, पी के नशे में धुत्त है। इसकी माँ की... अभी इसे पहुँचाता हूँ ऊपर। साला ...

गजेन्द्र के गले की विचित्र आवाज। लाश घसीटने की आवाज। लाश लुढ़काने की आवाज।

प्रकाश जब लौटता है उस समय भाभी आँगन में बैठी सूप फटक रही है। इन्द्रदेव का प्रवेश।

भाभी

बहुत देर लगा दी।

इन्द्रदेव

हाँ।

भाभी

हो गई तसल्ली?

इन्द्रदेव

हाँ हो गई।

भाभी

अब क्या करोगे।

इन्द्रदेव

जो कुछ करना था कर दिया।

भाभी

बहुत अच्छा किया। चलो जान छूटी। सुनने में आया था कि कोई शहरी लौंडा है। आसानी से मान गया न कि धमकाना पड़ा? (इन्द्रदेव चुप रहता है। भाभी उसकी ओर देखती है) क्या हुआ! हैं हो?

इन्द्रदेव

इस लाठी को वीराने में ले जा कर अभी धो दो।

भाभी

(लाठी को देख कर) यह क्या कर डाला हो तुमने।

इन्द्रदेव

कहा न, जो कुछ करना था कर दिया।

भाभी

क्या कर दिया तुमने हो।

इन्द्रदेव

मुझे और कुछ नहीं सूझा।

भाभी

हे भगवान, हैं हो वह मरा तो नहीं न?

इन्द्रदेव

मंदिर के पीछे वाली ढलान में लाश लुढ़का दी है। एकदम सीधी ढलान है।

विराम

भाभी

किसी ने देखा तो नहीं।

इन्द्रदेव

नहीं।

भाभी

पुलिस...

इन्द्रदेव

बस, शांत रहो। किसी को कुछ नहीं मालूम होगा।

विराम

सुनती हो। मैंने बहुत बड़ा कुकृत्य कर डाला है। क्रोध ने विवेक छीन लिया था। विनाशकाले विपरीत बुद्धि।

अँधेरा।

नेपथ्य से रुकुमा की आवाज। "गजेन्दर। गजेन्दर। तुम कहाँ चले गये गजेन्दर।" आवाज में प्रतिध्वनि है, जैसे आवाज पहाड़ों से टकरा कर वापस आ रही हो। झिलमिल प्रकाश में रुकुमा मंच में इधर से उधर दौड़ती है।

जब प्रकाश आता तो रुकुमा आँगन में एक ओर बैठी है। भाभी दूसरी ओर खड़ी है और आँसी में धार तेज कर रही है।

रुकुमा

तुम्हें कहाँ ढूढ़ूँ मैं। तुम कहाँ चले गये गजेन्दर। दिन को चैन नहीं। रातों की नींद उड़ गई है। लोग मुझे घूरते रहते हैं। जैसे सबको मालूम हो और केवल मैं नहीं जानती कि तुम कहाँ चले गये। ऐसा क्या हो गया कि बिना बताये जाना पड़ा। गजेन्दर, ओ गजेन्दर...

इन्द्रदेव अंदर से आता है। रुकुमा को देख कर उसकी ओर बढ़ने लगता है तो भाभी इशारे से मना कर देती है। वह दूसरी ओर निकल जाता है। भाभी रुक्मणी की ओर देखती है।

भाभी

ज्यू मैं घास काटने जा रही हूँ। खाना भदेली *(कड़ाही)* में ढक रखा है। भूख लगे तो खा लेना।

रुकुमा कोई उत्तर नहीं देती है। भाभी जाती है। ठुमुका ठुमा गाते हुए धन सिंह का प्रवेश।

रुकमा

धन सिंह। गजेन्द्र कहाँ है धन सिंह

धन सिंह

मुझे नहीं मालूम है बैणी। वह कहाँ गया। पर वह जाने वाला आदमी नहीं है बैणी। मुझे लगता है कि वह कहीं नहीं गया है।

रुकमा

धनसिंघौ वह कहीं नहीं गया है तो कहाँ है। तुम सब को मालूम है कि वह कहाँ है। मुझे कोई नहीं बताता है कि वह कहाँ चला गया।

घन सिंह

मुझे सचमुच नहीं मालूम बैणी कि वह कहाँ चला गया।

रुकमा

द्योचूली मंदिर की धरमशाला में... (रोती है)

धन सिंह

बैणी झन रोवै। *(मत रो बहन।)* बाबू सैप आ जायेंगे।

रुकमा

धनसिंघौ! धरमशाला में खून के धब्बे हैं।

धन सिंह

धरमशाला में खून?

रुकुमा

रात को जब गजेन्दर सो रहा था, कहीं बाघ तो नहीं आया। कहीं गजेन्दर को उठा कर तो नहीं ले गया।

धन सिंह

अरे बैणी बेफिकर रहो। उस जंगल में कोई बाघ नहीं है। हाँ एक भालू है। जो कभी-कभी ही दिखता है।

रुकुमा

कहीं गजेन्दर...

धन सिंह

नहीं बैणी ऐसा नही हो सकने वाला ठैरा।

रुकुमा

धरमशाला में खून के धब्बे...

धन सिंह

हा हा हा हा... बैणी एकदम फिकर मत करो। वह खून... हम दोनों ने मुर्गा काटा था उसी का खून होगा। तुम एकदम फिकर मत करो बैणी। बाबू सैप चले गये यह बहुत गलत हुआ पर सही भी हुआ। कब तक उस डाँडे में वीराने में पड़े रहते। वैसे आदमी वह ठीक हैं। एकदम सही हैं। भरोसे के हैं। पर बैणी अजनबी आदमी पर भरोसा करना गल्त हुआ। पर ठीक भी हुआ। मैं वड्डा जा रहा हूँ। कोई खबर मिली तो पहले तुमको ही बताने आऊँगा।

जाता है।

रुकुमा

तो क्या... तो क्या गजेन्दर मुझे छोड़कर चला गया! नहीं-नहीं, गजेन्दर ऐसा नहीं कर सकता है। नहीं गजेन्दर ऐसा नहीं कर सकता है। वह मुझे छोड़ कर नहीं जा सकता है। मैं क्या करूँ? कहाँ पता करूँ? गजेन्दर...

अँधेरा। रुकुमा के रोने की आवाज।
कुछ क्षणों के बाद रुकुमा पर प्रकाश। थक कर
चूर हो कर भारी मन से देर तक बैठी रहती है।

नेपथ्य से

तेरा खुटा काणा बुड़ौ मेरा खुटा पीड़।
तुम कहाँ गये सुआ, डाँड़ा मेरी दीठ।
(तेरे पाँव में काँटा चुभा तो मेरे पाँव में दर्द हुआ। तुम कहाँ चले गये प्यारे, तुम्हारी प्रतीक्षा में मेरी आँखें पहाड़ों –चोटियों की ओर लगी हुई हैं।)

फेडआउट।

दृश्य – 4.5

इन्द्रदेव के घर का आँगन।

भाभी

इस रुक्मणी के कारण बहुत छी छी थू थू हो रही है। लोगों के बीच बैठना मुश्किल हो गया है।

इन्द्रदेव

कुछ दिनों में सब अपने आप शांत हो जायेगा।

भाभी

पता नहीं कब शांत होगा। अभी तो जितने मुँह उतनी बातें। सामने तो लोग बोलने में हिचकते हैं पर पीठ पीछे... इस लड़की ने हमें कहीं का न रखा। मैं तो कहती हूँ, बाराकोट वालों से बात करके देखो। जल्दी शादी हो जायेगी तो लोगों के मुँह भी बंद हो जायेंगे। कहीं बाराकोट वालों को यहाँ की भनक लग गई तो ब्याह में अड़चन आ सकती है।

इन्द्रदेव

तुम ठीक कहती हो। वैसे भी अब रुकुमा की हालत नहीं देखी जाती मुझसे।

रुकुमा आती है।

मैं बाराकोट जाता हूँ। विवाह की तिथि पक्की करके आता हूँ। रुकुमा शादी के बाद सब भूल जायेगी।

भाभी

हाँ इस जिम्मेदारी से शीघ्र मुक्त हो जाना अच्छा है।

रुकुमा

दादा, तुम मेरी शादी की बात कर रहे हो तो मत करो।

भाभी

शादी की बात मत करो मतलब!

रुकुमा

दादा, मैं शादी नहीं करूँगी।

भाभी

क्यों शादी नहीं करेगी? जिन्दगी भर कुँवारी बैठी रहेगी? अब ये क्या नया तिरिया चरित्तर दिखा रही हो। गाँव भर में तो छी छी थू थू करवा ली हमारी। अब कहती हो कि शादी नहीं करूँगी। बाराकोट वालों को क्या जवाब देंगे।

रुकुमा

बाराकोट वालों को मना कर दो। मैं शादी नहीं करूँगी।

भाभी

क्या! बाराकोट वालों को मना कर दो! रुक्मणी, तुम अपने...

इन्द्रदेव ने इशारे से उसे चुप करा दिया। वह तिलमिला कर रह गई। रुक्मा ने भाभी की ओर देखा और फिर भाई की ओर मुँह करके बोली।

रुकुमा

दादा, मेरे यहाँ रहने से तुम्हें कष्ट हो रहा है, तो मैं यहाँ से चली जाऊँगी, पर शादी नहीं करूँगी।

भाभी

तू अपने को समझती क्या है रुक्मणी? हमारा ही खाती है, और हमसे ऐसी बात करती है। मुझे उसी दिन पता चल गया था कि एक को ठिकाने लगाने से कुछ कहीं होने वाला। द्योचूली में एक के बदले आप दोनों को ठिकाने लगा देते, तो यह दिन नहीं देखना पड़ता।

रुकुमा के चेहरे पर आश्चर्य, अविश्वास के भाव। उसने अपने दादा की और देखा। बेहोश हो कर गिर पड़ती है।
विराम (फ्रीज़)। करुण संगीत।

रुकुमा

(धीरे-धीरे उठ कर) दा, मैंने गजेन्दर से मिल कर शायद अनुचित किया। मैंने तुमको बहुत दुःख दिया। पर मेरे आचरण की तुमने उसे इतनी बड़ी सजा क्यों दे डाली दा? तुम उससे मिले भी तो कैसे मिले। वह अच्छा लड़का है, था। मैं तुमको उससे मिलाने वाली थी दा। दादा, तुमने यह क्या कर डाला दा। गजेन्दर की कोई गलती नहीं थी। गलती थी तो तुम्हारी बहन की, दा उसे सजा दो। उसे सजा दो...। उसे सजा दो, उसी के कारण गजेन्दर को दुनिया छोड़नी पड़ी। यह भी कोई उमर होती है मरने की!

फेड आउट। रुकुमा पर स्पॉट

गजेन्दर गया। चला गया। मुझे मझधार में छोड़ कर। क्यों... क्यों...! ऐसा क्या पाप किया था उसने कि भरी जवानी में ही उसे जाना पड़ा! मैंने ही कौन सा पाप किया कि बिन व्याहे... (रुलाई फूट पड़ती है)

गजेन्दर... गजेन्दर ... अब मेरा क्या होगा गजेन्दर (विलाप करती है)

घुघुती की आवाज।

न बास ओ घुघुती न बास, खतम हो गै पिया मिलन की आस।
न बास ओ घुघुती न बास, बीस बाइसै बरस में उमर खलास।
(ओ घुघुती पक्षी अपने बोल मत बोलो। पिया मिलन की आस अब समाप्त हो गयी है। बीस-बाईस साल की बाली उमर में जीवन समाप्त हो गया है।)

अँधेरा

नेपथ्य से

बह जाएँगे सारे आँसू आज ही, उखड़ी है साँस हिचकियों से धूमिल हुए जीवन के सब रंग, टूटे पतवार मेरी नाव के।

कुछ क्षणों तक करुण संगीत।

नेपथ्य से

रुकुमा उसी समय घर छोड़ कर चली गई। वह कहाँ गई किसी को नहीं मालूम। यह भी नहीं मालूम कि वह जीवित भी है या मर गई। जब वह घर से निकली थी, पहने हुए कपड़ों में ही निकल गई थी। अपने साथ कुछ भी नहीं ले गई थी। इन्द्रदेव इस बात का गुमान ही नहीं कर पाया कि रुकुमा घर छोड़ देगी। उसने बहुत

खोज की। नैनीताल, अल्मोड़ा, पिथौरागढ़ सब जगह आदमी दौड़े। अपनी जान-पहचान और उसकी सहेलियों के यहाँ पूछा। उसने इस बात की रत्ती भर परवाह नहीं की कि उसकी बहन भाग गई है करके लोगों को मालूम हो जायेगा, तो वे क्या कहेंगे। पर रुकुमा का कोई पता नहीं चला।

मंच पर हिमपात का दृश्य। कुछ क्षणों में पूरे मंच पर बर्फ की सफेदी। गहरे नीले फिल्टर के साथ प्रकाश।

उन जाड़ों में ठंड का प्रकोप बहुत अधिक था। जनवरी में हिमपात हुआ था। चारों और सफेदी ही सफेदी छा गई थी। सब कुछ जम गया था। पीने के पानी के लिए लोगों ने बरफ गलाई। ठंड इतनी कि लोगों का बाहर निकलना मुश्किल हो गया था। बस सग्गड़ *(अलाव)* के आसपास बैठ कर आग तापने के सिवाय कोई दूसरा चारा न था। घर-घर इन बैठकों में चर्चा का विषय एक ही था। रुकुमा और गजेन्द्र की कहानी। गजेन्द्र कौन था? कहाँ से आया और कहाँ गया? क्या सचमुच उसे बाघ घंघोड़ कर *(दाँतों में दबा कर घसीटते हुए)* ले गया था? रुकुमा कहाँ गई? उसने भाई की नाक काटी थी या नहीं? बाराकोट वालों ने क्या कहा? हजार मुँह हजार बातें। कुछ लोग तो यहाँ तक कहते कि गजेन्द्र और रुकुमा दोनों अभी नैनीताल में हैं और बिना शादी किए एकसाथ रह रहे हैं। जो भी हो, उन दोनों के किस्से की गरमाहट से लोगों का जाड़ा कट गया।

स्टेज में प्रकाश बदलता है। रंगबिरंगा प्रकाश। चिड़ियों की चहचहाहट।

जाड़ा कटा। बसंत का आगमन हुआ। रंग-बिरंगे फूलों से घाटियाँ मनभावनी हो उठीं। द्योचूली के जंगल में बुरूँज के फूलों ने लालिमा बिखेर दी। गाँवों में बच्चे हिसालु, किलमोड़े और मेल आदि के कच्चे फलों को ललचाई दृष्टि से देखने लगे।

फेडआउट और तुरंत दृश्य बदलता है। मंच में सुबह की लालिमा फैलती है। फिर प्रकाश तेज होता है।

और ऐसे में एक दिन एक दुबला-पतला नौजवान कालीपार की ओर से नौगाँव पहुँचा। जब उसने पूछताछ की, तो लोगों ने उस इन्द्रदेव के दरवाजे पर पहुँचा दिया।

इन्द्रदेव के घर का आँगन। इन्द्रदेव बैठा कुछ पढ़ रहा है। गजेन्द्र का प्रवेश।

गजेन्द्र

मेरा नाम गजेन्द्र है। मैं इन्द्रदेव जी से मिलने आया हूँ।

इन्द्रदेव

मैं ही इन्द्रदेव हूँ। बोलो क्या बात है।

दोनों कुछ क्षण एक दूसरे को देखते हैं। भाभी का प्रवेश। गजेन्द्र दोनों को हाथ जोड़ता है। इन्द्रदेव बैठने का इशारा करता है। भाभी खड़ी रहती है।

गजेन्द्र

मेरा नाम गजेन्द्र भट्ट है।

भाभी

क्या.. क्या नाम बताया।

गजेन्द्र

मेरा नाम गजेन्द्र भट्ट है।

भाभी और इन्द्रदेव एक दूसरे को देखते हैं। इन्द्रदेव इशारा कर भाभी को चुप रहने को कहता है।

गजेन्द्र

मैं अल्मोड़े का रहने वाला हूँ। मल्ली बजार में हमारा दो खंडों का मकान है। पिथौरागढ़ में शरद के मेले में मेरी मुलाकात रुकुमा से हुई थी। रुकुमा और मैं विवाह बंधन में बँधना चाहते हैं। मेरे पिता जी बहुत वृद्ध हैं, इसलिए अपनी शादी की बात करने स्वयं ही आना पड़ा है। आप इसे अन्यथा न लें। मैं बहुत पहले ही आ जाता पर एक एक्सीडेन्ट के कारण न आ सका। मेरे सिर में गहरी चोट लगी थी। अभी-अभी चोट ठीक हुई है।

भाभी

चोट कैसे लगी?

गजेन्द्र

पता नहीं कैसे लगी।

भाभी

गहरी चोट भी बता रहे हो और यह भी नहीं मालूम है कि कैसे लगी?

गजेन्द्र

मैं आपलोगों से मिलना चाहता था पर मिलने से पहले रुकुमा की मर्जी जान लेना चाहता था। इसलिए मैं यहाँ आया था और द्योचूली मंदिर में कुछ दिनों के लिए डेरा जमाया था। पता नहीं कैसे मेरे सिर में चोट लगी। जब होश आया तो नीचे काली नदी के किनारे था। वैद्य चिंतामणि ने मेरा इलाज किया। ज्योंही होश आया आप लोगों से मिलने चला आया।

भाभी और इन्द्रदेव मंत्रणा करते हैं।

भाभी

देखो भैया, हम लोग का यह छोटा सा गाँव है, यहाँ सब लोगों को सब के बारे में सभी कुछ मालूम रहता है। अभी तुम कितनी ही मीठी-चुपड़ी बात करो, पर तुम्हारे कारण रुक्मणी बहुत बदनाम हुई है और हम लोगों को भी लोगों से बहुत कुछ सुनना पड़ा है। समझे न तुम। तुम्हारे कारण रुक्मणी की शादी टूटी है। रुक्मणी घर से भाग गई है। उसने अपना मुँह काला कर लिया है। जो बात जगविदित है वह तुम भी जान लो। तुमने पहले ही हमारा बहुत अनिष्ट कर लिया है। अब हम पर एक मेहरबानी करो। तुम भी यहाँ से अपना मुँह काला करो।

भाभी जाती है साथ में इन्द्रदेव का हाथ पकड़ कर ले जाती है। गजेन्द्र बैठा रहता है। पीछे घ्योचूली का सेट लग जाता है।

गजेन्द्र उठ कर चलने लगता है। उसे टूटी चूड़ी का टुकड़ा मिलता है। उसे उठा कर देखता है।
स्टेज के सामने बहुत ही हलकी रंगीन क्रॉसलाइट।-

रुकुमा

कलाई छोड़ो गजेन्दर, चूड़ी टूट जाएगी।

गजेन्द्र

टूटने दे। एक भी चूड़ी टूटी न तो मैं तेरे दोनों हाथ कुहनी तक चूड़ियों से भर दूँगा।

रुकुमा हँसती है।
सामने की दृश्य लुप्त हो जाता है और गजेन्द्र वैसे ही चूड़ी का टुकड़ा देखता रहता है।

गजेन्द्र

रुकुमा मैं तुम्हें ढूँढ़ कर रहूँगा। जब तक तू नहीं मिल जाती मैं चैन से नहीं बैठूँगा।

धन सिंह का गाते हुए प्रवेश।

धन सिंह

माल गधेरी पानी सुखी गे पानी को पिवालो।
मेरी हिमूली मैत न्हैगै रोट को पकालो।
(माल गधेरी खोह का पानी सूख गया है, अब पानी कौन पिलायेगा। मेरी पत्नी हिमुली मायके गयी है, अब रोटी कौन पकायेगी।)

धन सिंह

बाबू सैप! अरे ओ बाबू सैप!

गजेन्द्र

अरे धन सिंह!

धन सिंह

हाँ, बाबू सैप। तुम कहाँ हरा गए थे बाबू सैप? एक-दो दिन तो मैंने डाँड़ा-काँड़ा धाध दी। *(घाटी-पर्वतों पर आवाज दी।)* पर तुम होते जो मिलते। कहाँ थे इतने दिन?

गजेन्द्र

मेरी बात छोड़ो पहले यह बताओ रुकुमा कहाँ है।

धन सिंह

बाबू सैप, तुम बाबू सैप न होते न, तो मैं तुमसे बात भी न करता। इटिस धन सिंह रिपोर्टिंग बाबू सैप। नो गुड। माई जंगलाद। यू नो कम। यू मेक टेंपल अपवित्र। बुरा मानना हो, तो मान लो, पर तुम हो बड़े पापी। भौतै गलत भ्यो और एकदम ठीक नै भ्यो। सुना बाबू सैप एकदम ठीक नै भ्यो। पहले उस भोली लड़की को फँसाया। जब वह बदनाम हो गयी और गाँव में छि छि थू थू होने लगी तो तुम गायब हो गए। बेचारी बिना माँ-बाप की लड़की के साथ तुमने ऐसा किया।

गजेन्द्र

नहीं, धन सिंह। मैं ऐसा नहीं हूँ। मेरे साथ भी बहुत बुरी बीती। मैं मरते-मरते बचा हूँ। चिंतामणि वैद्य ने मेरी जान बचाई तो मैं तुम्हारे सामने बात कर रहा हूँ।

धन सिंह

चिंतामणि बैद! खोला गाँव वाला चिंतामणि बैद तो नहीं?

गजेन्द्र

हाँ वही।

धन सिंह

वो तो यहाँ से बहुत दूर है। तुम वहाँ कैसे पहुँच गये बाबू सैप?

गजेन्द्र

मुझे नहीं मालूम कि मेरे सिर में कैसे इतनी गहरी चोट आई? मैं तो अपनी याददाश्त तक खो बैठा था।

धन सिंह

क्या कैरये हो? मेरी समझ में कुछ नहीं आ रहा है।

गजेन्द्र

उस दिन ज्यूनेली रात में जब तुम मुझे छोड़ कर गए थे तो मैं भी कंबल तान के सो गया था। वही याद है। उसके बाद जब होश में आया तो चिंतामणि वैद्य के यहाँ था।

धन सिंह

ओ...।

गजेन्द्र

मुझे कुछ भी मालूम नहीं कि मुझे चोट कैसे लगी। वह भी इतनी गहरी कि मेरी याददाश्त ही चली गयी।

धन सिंह

ओ...। मेरी समझ में आ रहा है बाबूसैप। तभी जो कहूँ कि आदमी पहचानने में मैं इतनी बड़ी भूल कैसे कर सकता हूँ। मैं बताता हूँ बाबू सैप, तुमको कैसे चोट लगी?

गजेन्द्र

तुमको कैसे मालूम हो सकता है? तुम तो चले गये थे। एकदम टुन थे तुम उस दिन।

धन सिंह

उस दिन टुन था न। दूसरे दिन एकदम ठीक था। बाबू सैप धनसिंह शराब पीता है, शराब धन सिंह को नहीं पीती है। चतुरान की चार बात। मूर्खान की सारी रात। मैं बताता हूँ तुम्हारे सिर की चोट का हरश्य।

गजेन्द्र

ये हरश्य क्या होता है?

धन सिंह

हरश्य नहीं जानते? हरश्य माने सस्पेंस।

गजेन्द्र

समझ गया। मेरे सिर पर चोट कैसे आई, इस रहस्य को तू जानता है।

धन सिंह

वही, बाबूसैप वही। तुमको इन्द्रदेव ने मारा। उड़ती खबर मैंने सुनी थी। अब विश्वास हो गया। घोर कलियुग आ गया। बाबा रे तुमको

मरने के लिए छोड़ दिया। अपनी बहन को नहीं सँभाल सकता, तो सबके कपाल पर लाठी मारता है। बाबू सैप...।

गजेन्द्र

धन सिंह, यह तुम क्या कह रहे हो।

धन सिंह

ठीक कह रहा हूँ, बाबू सैप।

गजेन्द्र

मुझे इन्द्रदेव ने मारा। धन सिंह तभी तो... तुम्हारा दिया कंबल सिर में न ओढ़ा होता तो मेरा तभी राम नाम सत हो गया होता। (सोचता है) जो हो गया सो हो गया, तुम बताओ रुकुमा कहाँ गई?

धन सिंह

ओ हो, उसके साथ तो बहुत बुरी बीती बाबू सैप। उसकी भाभी ने मारपीट कर उसे घर से निकाल दिया। अब कोई बोलता है पिथौरागढ़ में जोगन बन गई है। कोई बोलता है कि नैनीताल में है। पता नहीं कहाँ है। जिस दिन घर से भागी थी उसके दूसरे दिन इसी चाय वाले मोहना ने उसे वड्डा में देखा था।

गजेन्द्र

धन सिंह, रुकुमा का पता लगाना होगा। कहाँ गई होगी? धन सिंह उसको मैं ढूँढ़ कर रहूँगा। वह न मिली तो मैं जोगी बन जाऊँगा।

धन सिंह

आहा क्या प्रेम कहानी है। सुना है कि नायिका तो जोगन बन ही गई है औरअब नायक भी जोगी बनने जा रहा है। बाबू सैप देखो मेरी

आँखों में आँसू आ गये हैं। आप दानों से मिल कर मेरा जीवन धन्य हो गया। आहा... आहा...
तुम हमें छोड़ कर चले गये
हम अकेले रह गये
ऐसी क्या मजबूरी थी सनम
चांदनी में अँधेरा कर गये।

गजेन्द्र

धन सिंह।

धन सिंह

आहा... रुकुमा और गजेन्दर। गजेन्दर और रुकुमा।
मैं जोगी बन जाऊँगा ओ मेरी जोग्यानी
माया की डोर सुआ छ यो जिन्दगानी।
(यह जिंदगी बस प्रेम की डोर है, मेरी प्रेयसी।)
बाबू सैप, जब आप पक्का डिसैड कर लो तो मुझे जरूर बताना।
उल्का देवी के मंदिर के पास परमियाँ पांडे से मिलना और मेरा नाम लेना वह गेरुआ वस्त्र, कंबल और कमंडल सस्ते में दे देगा।

गजेन्द्र

धन सिंह, मुझे कुछ सूझ नहीं रहा है यार। उल्का देवी के मंदिर की अच्छी याद दिलाई तुमने। वहीं तो उसने कहा था,
(रुकुमा की आवाज) *"बहाना बना कर इतनी चढ़ाई चढ़ कर तुम्हारे पास आई हूँ गजेन्दर।"*
मैं वहीं जाता हूँ। देवी ही कोई मार्ग दिखाये।

धन सिंह

बाबू सैप बहुत ही अच्छा हुआ हो आप बच गये। ऐसा थोड़े ही होता है कि एक था राजा एक थी रानी, राजा मर गया खतम कहानी। रुकुमा भी जरूर मिल जाएगी, जरूर मिल जाएगी। बाबू सैप, परमियाँ पांडे से मिलो तो मेरा नाम जरूर लेना। कहना कि मैंने आपको भेजा है। नहीं तो वह आपको ठग लेगा।

उल्का देवी का मंदिर। गजेन्द्र मंदिर के सामने निढाल बैठा हुआ है।
बीना और रामी का प्रवेश।

बीना

रामदा, अब मुझसे एक कदम भी नहीं चला जाएगा। यह चढ़ाई बहुत विकट है।

रामी

चलो न बीना। बस थोड़ा ही तो रह गया है।

बीना

नहीं दा। मैं अब एकदम नहीं चल सकती। मेरा चढ़ावा तुम्ही चढ़ा देना और मेरे लिए प्रसाद यहीं ले आना।

रामी

ठीक है। तू यहीं बैठी रह। तेरी इस हालत में तुझको आराम ही करना चाहिए। तबियत तो ठीक है न।

बीना

हाँ-हाँ ठीक है। चिंता मत करो।

बीना बैठी रहती है। रामी आगे मंदिर की ओर जाता है।

गजेन्द्र

क्या ही अच्छा हो यदि रुकुमा उसी दिन की तरह आज भी आ जाय। (लंबी गहरी साँस भरता है)

सुपा भरी धान सुआ सुपा भरी धान

तेरो लाग्यो निसास सुआ तू भली बान

(सूप में धान भरे हैं। हे प्रेयसी तू कितनी प्यारी है। मुझे तुम्हरी याद सता रही है।)

रुकुमा... ओ रुकुमा...

रामी गजेन्द्र को देखता है।

रामी

(स्वगत) अरे यह तो गजेन्द्र है। गजेन्द्र ही है। (प्रकट) अबे ओ गजेन्द्र की जवानी।

गजेन्द्र

अरे रामी, अबे तुम यहाँ कहाँ?

रामी

अपनी बताओ पहले। कहाँ था इतने दिन। हमने तो सुना था कि मंकी-कैप-मंकी-कैप रटते-रटते पहाड़ी से गिर गये थे और टें बोल गये थे। पर तुम तो यहाँ अपनी गंदी सूरत से मंदिर के पुजारी को डरा रहे हो।

गजेन्द्र

अबे, इतनी जल्दी नहीं मरने वाला मैं। तुम यहाँ मंदिर कैसे आ गये। धर्मात्मा कब से बन गये।

रामी

मेरी छोड़। तू यह बता कि क्या बात है, जिन्दगी रास नहीं आ रही है क्या? बड़ा उजड़ा-उजड़ा लग रहा है यार। खैर अच्छा है तू मिल गया अब पिछली हार का बदला चुकाने का मौका मिलेगा। उस बार तो जीत के भाग गया था। क्या बोलता है हो जाय? एक हाथ हो जाय।

गजेन्द्र

अबे रामी हरामी, जा-जा। उजड़ भी गई तो दिल्ली है। तू क्या खा कर जीतेगा मुझसे। पहले यह तो बता परमानंद काका और केदार कैसे हैं।

रामी

उन दोनों सालों का दिमाग फिर गया है। इतने महीने हो गये, दोनों मुझे मारने दौड़ते हैं। तुम ही बताओ साला साउण्ड सिस्टम ही खराब था तो मेरा क्या कसूर। परमानंद काका ने बाजी लगा रखी थी कि यदि चंपावत वाले जीत गये तो वे एक साल तक सिर मुँडा कर रहेंगे। हमारा शो तो फ्लाप हो गया था। जीत चंपावत के ही हाथ लगी।

गजेन्द्र

यानी...

रामी

हाँ... परमानंद काका आजकल अपनी चमचमाती खोपड़ी के लिये बहुत फेमस हो रहे हैं। हमारी छोड़ो, तुम बताओ कहाँ रहे तुम इतने दिनों तक?

गजेन्द्र

क्या बताऊँ रामी, मैं वहाँ था जहाँ से मुझको मेरी ही खबर नहीं मिलती थी।

रामी

अबे यह क्या किताबी आशिकों वाली बात कर रहा है। हमने तो सुना था कि तू उस मंकी कैप वाली लौंडिया के चक्कर में जान से मारा गया। तुम्हारे मरने की खुशी में हमने शोक सभा भी कर ली थी। और अब तू मिस्टर इंडिया की तरह प्रकट हो गया है।

गजेन्द्र

लंबी कहानी है यार।... (गजेन्द्र और रामी पर स्पॉट। कुछ क्षणों तक दोनों आपस में बात करने का मूक अभिनय करते हैं। रामी गजेन्द्र के सिर की चोट देखता है।)... किस्मत ने रुकुमा को मुझसे दूर कर दिया है। बस अभी तो समझ ले कि रुकुमा की खोज ही मेरे जीवन का लक्ष्य है।

रामी

कितनी भयानक बात करता है तू। बहुत बदल गया है। सिर में चोट एक तरफ लगी थी न, इसलिये बैलेंस बिगड़ गया है। यानी उस मंकी कैप ने तुझे कहीं का नहीं रखा। तू इतने दिनों के बाद मिला भी तो इस हालत में।
तो भैया गजेन्दर की जवानी, मंकी कैप से आगे भी है जिन्दगानी। भूल जा मंकी कैप को, थाम ले नयी मेमसैप को।

गजेन्द्र

साले... (मारने दौड़ता है)

रामी

अच्छा ठीक है भई। ख्याल अपना-अपना। खैर सुनो, आजकल द्वाराहाट से मेरी बहन बीना आई हुई है। यहाँ नीचे बैठी हुई है। चल तुझे मिलाता हूँ।

गजेन्द्र

द्वाराहाट में तो तेरे भैया भाभी हैं। यह बहन बीना कहाँ से पैदा हो गई।

रामी

यह मत पूछ यार। यह सब भाभी की करतूत है। बीना रास्ते में पड़ी मिली थी और भाभी उसे उठा कर घर ले आई।

गजेन्द्र

अबे साले क्या बकवास कर रहा है।

रामी

सच बात है। आजकल लोगों को सच्चाई हजम नहीं होती। वह भाभी को सड़क पर भूखी-प्यासी विक्षिप्त अवस्था में मिली थी। वह भाभी की कोई पुरानी स्टूडेन्ट निकल आई। वह देख वहाँ बैठी है बड़ा सा पेट लिये। आजकल उसके लिये लड़का ढूँढ़ रहा हूँ, चल देख ले, क्या पता तुझे पसंद आ जाय। कब तक उस मंकी कैप की याद में घुलता रहेगा।

गजेन्द्र

ठहर साले रामी हरामी, देख मैं तेरी क्या गत बनाता हूँ।

रामी भाग कर बीना (रुकुमा) के पास पहुँचता है गजेन्द्र उसके पीछे-पीछे।

रुकुमा

गजेन्दर... (खड़ी होती है। फिर कमजोरी के कारण बैठ जाती है)
गजेन्दर... गजेन्दर... गजेन्दर... गजेन्दर...

गजेन्द्र

रुकुमा...

रुकुमा

नहीं, नहीं। रामदा यह क्या हो रहा है मेरे साथ...

गजेन्द्र

रुकुमा। मैं मरा नहीं, जिन्दा हूँ रुकुमा।

रामी

कितनी बेशर्मी से बोल रहा है कि मैं जिन्दा हूँ। तुम्हारी शोकसभा में मैंने 200 रुपये का चंदा दिया था। वापस कर देना।

समाप्त

कलायन नाट्य संस्था द्वारा कब होगी भेंट की प्रथम प्रस्तुति
एम एल आर सेंटर, जेपी नगर, फेज 7,
बेंगलूरु, जनवरी 15, 2012

नाटक के पात्र

मंच पर

धन सिंह	श्रीनिवास नायडू
गजेन्द्र	बद्रीविशाल किन्हाल
इन्द्रदेव	दीपक अजमानी
चिंतामणि वैद्य	दीपक अजमानी
हेमा	डेजी हुकेन्स
रामी	सुनिल यती
परमानंद	श्रीनिवास नायडू
केदार	गिरीश महाजन
रुकुमा	संगीता पंडा
भाभी	फारिया फातमा

मंच परे

प्रकाश	रविशेटी
मंच - सेट	प्रियंकराज कटारिया
मंच सामग्री	फारिया फातमा और डेजी हुकेन्स

संगीत और ध्वनि संचालन	रोहन निंबालकर और अरुण कुमार
मेक अप	रामकृष्ण बेल्थुर
वेशभूषा	कलायन
रिहर्सल संयोजक	संगीता पंडा
टिकट काउंटर	मालविका कलौनी
जन संपर्क	मंजरी और अश्विनी राव 'निकी'
पोस्टर और टिकट डिजाइन	कौशिक
न्यौली गायन	गोविंद दिगारी और खुशी जोशी
लोक गीत	विभिन्न कलाकार

लेखक, निर्माता और निर्देशक – मथुरा कलौनी